누군가에게 자꾸 의지하고 싶은 나에게

누군가에게 자꾸
의지하고 싶은
나에게

초판 1쇄 발행 2017년 11월 20일

지은이 이계정
펴낸이 이지은
펴낸곳 팜파스
기획 · 편집 김소현
디자인 박진희
마케팅 정우롱
인쇄 (주)미광원색사

출판등록 2002년 12월 30일 제10-2536호
주소 서울시 마포구 어울마당로5길 18 팜파스빌딩 2층
대표전화 02-335-3681   **팩스** 02-335-3743
홈페이지 www.pampasbook.com | blog.naver.com/pampasbook
이메일 pampas@pampasbook.com

값 13,000원
ISBN 979-11-7026-182-7 (03180)

이 도서의 국립중앙도서관 출판예정도서목록(CIP)은 서지정보유통지원시스템 홈페이지
(http://seoji.nl.go.kr)와 국가자료공동목록시스템(http://www.nl.go.kr/kolisnet)에서
이용하실 수 있습니다.(CIP제어번호: CIP2017027594)

혼자서도 당당하고 싶지만 여전히 타인에게 기대게 되는 이들을 위한
_ 관 계 심 리 학 _

누군가에게 자꾸 의지하고 싶은 나에게

이계정 지음

기대가 크면....
상처가 된다.....

팜파스

겁이 나는 나를 알고
다독이며 나아갈 수 있다면

십년 전쯤의 일이다. 한 대학교 상담실에서 인턴 상담사로 일할 때 20회쯤 진행되던 사례를 종결하게 됐다. 갑자기 결정된 것도 아니었는데 무척 아쉬웠다. 좀 더 진행되었으면 했는데 마무리하자고 하니 그게 좀 서운했는지도 모르겠다. 그래서 마지막 날 왜 종결을 원하는지 조심스레 내담자에게 물었다. 그녀는 말했다.

"상담에 너무 의존할 것 같아서 그게 겁이 났어요."

그날 난 웃으며 "안녕!"이라고 한 후, 상담실로 돌아와 문을 닫고 엉엉 울었다. 정말 그렇게 통곡을 하다니. 울고 나서 내가 왜 이런가 싶었다. 지금 생각해보니 내 문제가 컸다. '상담에 너무 의지했던 것 같다', '이제 스스로 해볼 수 있을 것 같다' 등등의 말은 종결 시점에서 자주 나오는 말이다. 그리고 때론 반가운 말이라 충분히 격려하며 떠나보낸다. 어쩌면 그때 그녀도 힘이 좀 생겨서 종결을 이야기했을 거다. 그럼에도 불구하고 '겁이 난다'는 그 단어가 나를 울렸다.

그녀의 어린 시절, 어느 누구에게도 의지해보지 못한 상황에서 홀로 두려워하며 자랐던 배경을 생각하니 가슴이 아팠다. 의존도 해본 사람이 한다고, 세상 모든 게 무섭고 겁이 나 상담실에 왔다면서 이제 의존하는 것도 겁이 난다니 홀로 얼마나 외로울까 싶었다. 그러면 무엇이 겁이 나는지 물어보면 된다. 그 말을 계기로 더 깊이 탐색하며 상담을 이어나갈 수도 있었을 거다. 그런데 나는 성급히 마무리 짓고 혼자 울어버렸다. 미숙한 인턴 상담사의 실수이기도 했고 그 실수의 배경에는 나의 두려움이 있었다.

고백하자면 나 역시 누군가에게 의존하는 것이 두렵다. 새로운 사람을 만나 친구가 되어갈 때도, 연애를 할 때에도 관계가 깊어질 만하면 뭔지 모를 불안감에 떨었다. 영문도 모른 채 사소한 계기로 우울해졌다가 헤어지고 나면 내가 마음을 더 열지 못한 이유를 깨달았다. 내가 너무 의지하면 그가 사라질 때 너무 아플까 봐 그게 무서웠다. 누구라도 그는 언젠가 사라지는 존재였던 거다. 결국 이 세상에 의지할 사람은 없으니 언제나 홀로 우뚝 서야 했다. 그러나 불행히도 당시 나는 그럴 만한 힘이 없어도 너무 없었다. 그러니 문제는 더 커졌다. '독립에 대한 강박'이 나를 괴롭힐수록 나는 위축되고 더 휘청거리며 누군가에게 기댔다. 이렇게 겁에 질린 나였으니 '겁이 난다'는 내담자의 말이 내게 한 방 먹인 것이다.

그리고 이제는 알 것 같다. 여전히 겁이 나지만 겁이 나는 나를 알고 다독이며 나아갈 수 있다. 힘이 빠지면 충분히 의존하고 또 힘을 얻게 되면 얼마든지 혼자여도 괜찮다는 것을 안다. 때론 나도 혼자이고 싶고 누군가에게 의지가 되고 싶으며 그렇게 할 때의 행복감을 여러 번 느껴보았다. 반대로 누군가에게 의지할 땐 그 편안함을 충분히 누릴 수 있고 그 순간이 내게 큰 힘이 된다. 영원하진 않더라도 지금

이 순간 우리가 연결되어 있다는 것에 기뻐할 수 있다. 가끔 두렵지만 그 자체로 관계를 망치지 않을 수 있을 것 같다. 십 년 전에 만난 그녀도 아마 지금은 더 유연해지지 않았을까? 그러길 진심으로 바란다.

　의존에 대한 원고를 의뢰받았을 때 난 '나르시시즘'에 관한 원고를 쓰고 있었기 때문에 거절했다. 어쩌면 상담실은 '의존의 장'이라 하고 싶은 말이 많았지만 여건이 안 되니 어쩔 수 없었다. 이런 나를 설득하고 기다려준 김소현 편집자님께 의지해서 여기까지 왔다. 놀랍고 또 감사한 일이다.(많이 많이 감사드린다!) 일주일에 한 편씩 나의 글을 기다려주고 피드백도 해주었다. 누군가 나를 기다려주니 힘을 내지 않을 수 없었다. 토요일 새벽 4시 반에 알람을 맞춰놓고 아이가 깨는 8시까지 글을 썼다. 어떤 날은 그 시간이 무척 기다려졌다. 생각보다 난 의존에 대해 할 말이 많았던 거다. 난 스스로 자기애적인 성향의 사람이라고 생각해왔건만 글을 쓰면서 몇 번은 울기도 했다. 그렇게 글 쓰는 것에 탄력이 생기니 고군분투하던 '나르시시즘' 원고도 끝을 향해갔다. 두 가지 작업을 함께하면서 나는 진단에 대해 좀 더 회의적인 상담사가 되었다.

어느 국제학술대회에 초청된 한 심리학자는 '자기(self)라는 게 정말 존재할까?'라는 질문을 던졌다. '고정된 자기는 없다'는 것을 넘어 자기라는 것 자체에 대해 부정하는 강연에 신선한 충격을 받았던 기억이 난다. 인간의 성격을 분류하고 장애를 진단하는 것이 무슨 의미가 있을까? 그저 우리는 때로 의존하고 상처를 받지만 또 때로는 내가 이 세상의 전부인 양 누군가에게 상처를 주며 살아가는 것은 아닐까? 물론 우리에게 현재만 있는 것은 아니니 과거의 삶에서 형성된 생각들(사람에 대해, 나에 대해, 삶과 죽음에 대해)을 아는 것은 중요하며 그에 따른 나의 주된 감정을 찾는 것은 심리치료에 중요한 열쇠가 된다. 그것이 바로 진단의 역할이다. 그럼에도 불구하고 우리는 계속 변하고 있고 그 자체에 대해 마음을 열고 바라보는 것도 중요하다. 그런 면에서 때로 진단은 해롭다.

내가 어떤 사람인지 단정 짓지 말고 스스로에게 마음을 열어보자. 자기애적인 사람이든 의존적인 사람이든, 행복하게 살고 싶은 마음은 같다. 그리고 그 행복은 결코 나 혼자서 이룰 수 없다. 따라서 우리는 기본적으로 서로 잘 의지할 수 있어야 한다. 의존에 대한 이 책을 읽으며 나란 존재가 얼마나 소중한지 그리고 내가 맺는 관계의 소중함을 알게 되길 바란다. 어느 날엔 누군가에게 편히 기댈 수 있고, 또 다른 날엔 누군가에게 내 어깨를 내어줄 수 있게 된다면 참 좋겠다.

중요한 순간마다 내게 손을 내밀어주는 가족들에게 고맙다. 특히 의존과 독립의 과정을 기꺼이 보여주는 사랑스러운 아들에게 많이 고맙다. 그리고 부족한 내게 삶을 나눠주고 의지해주는 내담자들께 감사의 마음을 전한다. 그들이 있어 지금의 내가 있다. 더불어 내가 의지하는 것들, 지금 이 순간에도 내 마음을 둘 곳이 있다는 것이 얼마나 큰 힘이 되는지! 새삼 살아 있는 것에 감사하게 된다. 역시 행복은, 함께일 때 가능한 것이다.

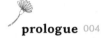

:
제
1
장
:

왜
타인 때문에
내 행복을
미룰까?

의지하는 것 자체가
나쁜 것일까?

오늘도 피곤한 몸으로 버스정류장에서 간신히 기댈 곳을 찾았다. 아주 짧은 시간이지만 내 몸과 마음을 쉬게 하는 달콤한 순간이다.

'기대다'를 국어사전에서 찾으니 다음과 같은 두 가지 뜻이 나온다.

"(사람이 무엇에 몸이나 물건을)무게를 싣고 의지하면서 대다."

"(어떤 사람이 다른 사람에게)마음을 붙여 도움을 받다."

무언가에 무게를 실었을 때 긴장이 풀어지고, 몸이 가벼워질 것이다. 누군가에게 마음을 붙여 도움을 받는다면 어쩌면 덜 외로울지도 모르겠다. 보다 가볍게, 사람들과 더불어 삶의 고비를 넘길 수 있다니 단어만으로도 힘이 되는 것 같다.

이처럼 기대어 존재한다는 것, 즉 '의존(依存)'이란 생존에 필수적인 욕구이자 중요한 기술이다. 길거리 건축물만 보아도 기대고 의지하는 모양새가 일상적이다. 지붕도 서로 맞닿아야 바로 서며, 기둥들은 벽과 벽을 잇는다. 이렇듯 결국엔 온갖 것들이 서로 기댈 수 있도록 자리를 마련해준다.

: 의존, 생존을 위한 본능이자 삶의 기술 :

우리는 갓 태어난 아기가 힘차게 우는 것을 확인한 후에야 안심을 한다. 아기의 울음소리는 건강하게 살아 있다는 증거다. 도움을 청하는 최초의 행위이며 엄마는 우는 아기를 기꺼이 품에 안고 보호해준다. 발가벗겨진 채 세상 밖에 나온 인간에게 주어진 유일한 능력은 바로 도움을 요청하는, 의존하는 능력인 것이다.

이를 잘 활용하고 순간순간 안전을 확인하며 또 다른 능력들을 발전시켜 나가는 것이 바로 삶의 과정인지도 모르겠다. 울지 않고 품에 안기지 못하는 아기는 건강하지 못하다. 그러니 기댈 줄 모르고 편히 기대본 적이 없는 사람은 삶의 매우 중요한 기술을 놓친 것이다. 모든 불안을 홀로 견뎌야 하는 그는 삶이 늘 무거워 무거운 줄을 모르고 늘 외로우니 외로움을 자각할 수 없다. 심리학에서 양육자와 아기의 애착관계를 중요하게 다루는 것도 누군가에게 의지해야, 나아가 사랑받아야 온전히 살아남을 수 있는 인간의 단면을 보여준다.

첫째 아이를 미워하는 마음이 잘 다스려지지 않는다며 한 엄마가 상담실을 찾았다. 태어날 때부터 몸이 허약해 온갖 병치레를 해온 아이는 어쩔 수 없이 오랜 시간 엄마의 손길이 필요했다. 엄마 역할을 누구보다 잘해내겠다고 결심했던 터라 약한 아이를 한시도 홀로 두지 않고 지극정성으로 보살폈다. 그럼에도 불구하고 체력이 달리는 엄마는 자주 녹초가 되었고 아이는 그런 엄마의 눈치를 살피는 것이 일상이 되었다.

그러다 건강하고 씩씩한 둘째 아이가 태어났다. 엄마는 둘째 아이의 에너지로 힘이 났고 그의 당당함을 사랑하게 되었다. 허약하고 눈치 보는 첫째는 불안한 마음에 더욱더 엄마를 필요로 했고 의존적인 태도를 보였다. 엄마는 계속해서 지쳐갔다. 거슬러 올라가보니 엄마 역시 허약 체질이었다. 없는 살림에 셋째 딸로 태어난 그녀는 병이 나도 돌봐줄 사람이 없었다. 기댈 곳이 어디에도 없었던 상황에서 그저 홀로 꿋꿋하게 버티는 것만 철저하게 배웠다.

엄마는 자신의 아픈 과거를 떠올리며 열심히 아이를 보살피다가도 자기만큼 버텨주지 못하는 아이를 공감할 수 없었다. 누군가에게 의지해본 적 없는 엄마는 자녀의 의존 역시 편히 수용할 수가 없었다. 아이를 잘 챙겨주다가도 엄마는 첫째 아이에게 "넌 왜 나와 다르니?" 라며 내쳤다. 결국 의존하려 할 때마다 혼이 났던 아이는 '의존은 나쁜 것이다'라는 생각을 마음 깊이 새긴다. 그럼에도 불구하고 오랜 의존에 익숙해진 아이는 독립할 나이에도 여전히 홀로 서지 못하면서 끊임없이 자책한다. 최악의 경우, '나는 사랑받을 자격이 없어'라며 인간관계에서 위축되고 스스로를 고립시킨다.

: 의지하고 싶은 마음을 억누를 때 '자꾸만' 의지하게 된다 :

결국 모든 사람이 때론 의존적이며 그것이 곧 나약하거나 못난 것은 아니라는 것을 알아야 한다. 갓난아기가 아니어도, 의존에서 독립으로 이행하는 성장기 청소년이 아니어도 우린 때로 누군가에게 의지하고 싶다.

회사에 취직하고 사랑하는 사람을 만나고 결혼을 하고 혹은 이혼을 하는 등 예기치 못한 낯선 상황 속에서도 우리는 불안하고 두렵다. 누군가에게 상처를 받은 날엔 가까이에 있는 누군가를 붙잡고 하소연하고 싶다. 이처럼 간절한 마음 그 자체를 억압할 때 의존의 마음은 고스란히 쌓여 기회를 엿본다. 편히 의존할 수 있는 상대를 찾고 사사건건 모든 것을 그에게 맡기려 한다. 때론 관계에 대한 집착이 되고 결정하지 못하는 우유부단한 마음이 되며 조금이라도 걱정되는 상황이라면 회피하고 숨어버리는 새가슴이 되는 것이다.

그러니 누군가에게 자꾸 의존하며 문제를 만들어가는 것을 막기 위해서라도, 우리는 의존을 수용해야 한다. 지금 이 순간 누군가가 필요하다는 것을 알고 표현할 수 있어야 한다. 매사에 연락하고 확인하는 것이 아니라, 혼자 있고 싶은 시간과 함께 하고 싶은 시간을 구분할 줄 알아야 한다. 어떤 날은 쓰러질 듯 약하지만 또 어떤 날은 누구보다 강한 내가 될 수 있다는 믿음이 있어야 한다.

즉, 의존성은 그 자체가 문제행동이 아니라 누구나 어떤 순간 갖게 되는 인간의 보편적인 욕구일 뿐이다. 매사에 엄마 눈치를 보고 자기도 모르는 새 의존하게 되었던 그 아이도 실은 독립하고 싶을 것이다. 엄마의 감정에 좌지우지되는 것이 삶을 피곤하게 했을 것이며, 그래서라도 의존의 굴레에서 벗어나고 싶었을 것이다. 엄마가 늘 곁에서 자신을 돌봐주지 않더라도 나를 떠나지 않을 것이라는 믿음이 있다면 즐겁게 독립할 수 있을 것이다. 결국 의존의 이면에는 '불안'이 있다. 불안한 마음이 잦아들면 자연스럽게 의존의 마음 역시 균형을 찾게 된다.

: 의존이 필요한 순간들 :

난생 처음 학교에 들어가 수많은 규율들을 지켜야 하고, 너무 다른 친구들과 자꾸만 부딪칠 때, "나 학교 가기 싫어"라고 말할 수 있는 대상이 있다면 좋겠다. 친한 친구와 다투고 커다란 교실에 나 혼자인 것만 같은 그 순간에, 시험을 망치고 자책하며 집으로 돌아가는 그 길목에서 "나 이대로 괜찮을까?"라고 묻고 확인할 수 있는 누군가가 있다면 좋겠다. 대학에 가야 할지 전공이 적성에 맞는 건지 다른 길로 가야 하는지 무작정 헤맬 때, "어떤 길이 좋을까?"라고 상의할 수 있는 사람이 있다면 좋겠다. 회사에서 막말하는 상사에게 지적받은 날, 애인과 헤어지고 홀로된 바로 그날, 크고 작은 사건 사고들이 끊이지 않았던 어느 날, "힘들어 죽겠으니 나 좀 살려 달라"고 손 내밀 수 있는 사람이 한 명쯤 있다면 참 좋겠다.

"학교 가기 싫구나. 많이 힘들지? 시간이 지나면 괜찮아질 거야" 라고 안심시켜주는 엄마가 곁에 있다면 조금 더 버텨보고 학교에 적응할 수 있지 않을까. "괜찮아, 내일이면 또 달라질 거야"라고 위로해 줄 누군가가 있다면 흔들리던 마음을 다잡고 편안히 집까지 갈 수 있을 것 같다. "어떤 길이 끌리는데?"라고 물어봐주는 사람이 있다면 안개 속에 갇혀 있던 생각의 회로들이 조금씩 실체를 드러낼지도 모르겠다.

"그 상사 미쳤다니?", "그 사람 너랑 헤어지고 분명 후회할 거야!" 라고 맞장구쳐주는 누군가가 있다면 아프고 무거웠던 일도 즐거운 이야깃거리로 돌변할 수 있다. "오늘 많이 힘들었지? 그런 날이 있더라" 라며 함께 기대어 토닥일 수 있다면, 이 모든 순간들이 삶을 더 풍요롭게 하고 살맛나게 한다. 그러니 필요한 때의 의존은, 빛나는 순간들을 위한 소중한 마음이 된다.

오늘도 우리는 기댈 수 있는 공간부터 찾게 된다. 익숙한 카페, 익숙한 자리, 편안한 사람과 설레는 만남들. 어쩌면 삶은, 의미 있는 '기대는' 순간들이 빚어낸 선물인지도 모르겠다. 우리는 그 선물을 감사히 받아 힘을 얻고 홀로인 더 많은 날들을 즐겁게 버텨낼 수 있다. 그러고 보니 의존은 관계 맺기의 출발점이 되기도 한다. 좋은 관계를 잘 유지하는 것은 어떻게 의존하고 어떻게 독립하느냐의 문제와 자연스럽게 연결된다.

지나친 '의존'이 가져다주는 여러 가지 문제들

기대는 것이 자연스럽고 의존하는 것이 나쁜 것은 아니라고 하지만, 심리 상담에서 다루는 크고 작은 문제들이 '의존'에서 시작된다. 스무 살까지 대학 입시라는 거대한 목표를 세우고 비교적 단순하게 살아가던 청소년들은 대학에 입학하면서 혹은 바로 취업해 사회생활을 시작하면서 그야말로 멘붕이 된다. 정해진 교실에서 정해진 친구들과 정해진 시간표대로 생활하던 시절과는 달리 모든 것을 내 스스로 결정해야 하기 때문이다. 대인관계 문제로 학교 상담실을 찾는 대부분의

학생들이 '친구를 어떻게 사귀어야 할지 모르겠다'며 고등학생일 때는 친구가 제법 있었는데 '그땐 반이 정해져 있고 앞뒤로 앉는 친구들이 있었고 짝도 정해지니까'라고 말한다. 즉, 대학교에선 성격이 어떻건 간에 모든 면에서 적극성을 띠지 않으면 기본적인 생활 자체가 어려워진다. 외롭고 불안한 이 시기에 이제 막 성인이 되었다는 이들이 다시 어린아이가 되어 엄마 곁을 졸졸 따라다니기도 하고, 생각지도 못했던 동아리 활동에 목숨을 바치기도 하며 나쁜 남자 혹은 나쁜 여자에게 빠져 정말 우울한 20대를 보내게 될지도 모른다. 날 위로하기도 하고 정보를 찾아주기도 하는 스마트폰에 의지하며 점점 더 고립된 상황으로 스스로를 내몰기도 한다.

: 엄마가 더 잘 알고 계세요 :

A대학교 상담실을 찾은 민우 씨는 대인관계 문제로 상담을 받고자 했다. 예약된 시간에 들어온 그의 뒤를 따라 한 중년 여성이 함께 들어왔다. 다소 의아한 눈빛으로 민우 씨를 쳐다보자 "우리 엄마예요"라는 말과 함께 너무 자연스럽게 상담실로 향했다. "어머니는 밖에서 기다리세요"라고 말하며 대기실로 안내하려는 순간, 민우 씨가 당황한 듯 나를 불렀다.

"근데 엄마가 더 잘 알고 계셔서요. 그냥 뒤에 앉아 계시면 안 될까요?"

이제 막 대학생이 된 민우 씨 곁에는 엄마가 그림자처럼 붙어 있었다. 민우 씨의 어머니는 아들과 함께 상담실에 들어가는 건 너무 당연하다고 생각하지만 상담사가 당황하니 안심을 시켜줘야겠다는 표정으로, 평소 상담에 관심이 많아서 얼마 전엔 교육도 받았다고 덧붙였다. 도무지 둘을 떨어뜨려 놓을 수 없을 것 같아 일단 셋이 함께 상담실로 향했다. 출입문 근처 소파에 어머니를 앉게 하고 민우 씨와 마주보고 앉아 일단 문제를 들어보기로 했다. 학과에서 친구를 사귀면서 힘들었던 일, 선배와의 관계에서 부당하다고 느껴지는 일 등 금방이라도 울 것 같은 억울한 표정으로 열심히 이야기를 하는데, 사실 그 내용이 하나도 귀에 들어오지 않았다. 엄마와 함께 들어온 상황에 대한 충격이 아직 가시지 않은 상태이기도 했고, 그의 말은 전혀 공감이 되지 않았기 때문이다. 무엇이 그토록 억울한지 도무지 알 수가 없었다. 중간 중간 상담사의 눈치를 살피고는 뒤를 돌아보며 "엄마, 그 다음에 뭐였지?"라고 묻는 그의 태도 역시 매우 불쾌했다. 민우 씨의 문제를 알 것 같았다.

'엄마의 커다란 그림자'가 지금처럼 늘 붙어 다니는 한 그는 주도적으로 무언가 선택할 수 없을 것이다. 내 감정을 내가 모르니(엄마에게 물어봐야 하니) 누굴 만나도 생동감 있게 대화하기 힘들 것이며, 상대방의 눈치를 살피거나 엄마가 만들어줬을 사회적 잣대에 따라 상대를 평가하고 맞추느라 분주할 것이다. 새로 만나야 하는 친구들에 대해, 호기심을 갖고 알아가기보다 여전히 방향을 잡지 못한 내 안의 불안들로 경계하고 의심하며 감정을 소모하고 있는지도 모른다. 그래도 아직 신입생인 민우 씨가 상담실을 찾은 건 다행이다.

상담을 통해서 독립을 위해 스스로를 알아가는 과정을 거친다면 엄마와 잘 분리될 가능성은 충분하다. 그러나 대학을 졸업한 후, 취업을 하고 결혼을 하는 순간에도 심지어 아이를 낳고 부모가 된 후에도 여전히 엄마의 말이 곧 내 마음인 것처럼 알고 살아가는 경우도 많다. 성인이 되어서도 엄마의 품을 떠나지 못하는 사람들은 자기를 제대로 인식하지 못해 많은 갈등에 부딪치게 된다. 고집을 피워도 그게 내 마음이면 상대를 설득하기가 쉽지만 엄마 마음이면, 또 그것이 무의식적으로 내 안에 들어왔다면 남의 마음으로 상대를 설득해야 하니 억지 주장이 되어버리고 갈등은 더 커질 수밖에 없다. 스스로도 혼란스러워 무기력해지고 삶의 방향을 잃어버린다.

언제까지나 엄마가 날 챙겨줄 수는 없다. 결국 엄마를 대체할 만한 누군가를 찾아 헤매거나 중심을 잃은 나는 공허해져 방황하게 된다. 엄마의 품에서 충분한 사랑을 받고 보살핌을 받는 것만큼 잘 독립하는 것이 중요한 이유이다.

: 그 남자가 원하는 대로 다 했는데 결국 떠났어요 :

신입사원 수정 씨는 1년 넘게 사귄 남자친구와 헤어지고 우울감이 지속돼 상담실을 찾았다. 수정같이 큰 눈에 눈물이 맺혀 있는 모습이 애처로웠다. 나도 모르게 엄마가 된 양 슬픈 수정 씨를 달래고 위로하며 상담을 시작했다. 그런데 들을수록 화가 치밀어 올랐다가 어느 순간엔 도무지 이해가 되지 않았다. 그녀가 1년이나 만난 그 남자는 오직 자기밖에 모르는 이기적인 사람이었다. 그는 수정 씨의 사정은 봐주지 않으면서 자기 사정에는 민감했고, 모든 약속을 자기 편의대로 맞췄다. 그녀의 옷차림, 행동, 만나는 사람에 대해서도 일일이 간섭하면서 자기 맘에 들지 않으면 만나주지 않겠다고 협박했다.

수정 씨는 그가 원하는 대로 화장도 하고 옷도 입고 만나는 사람도 정리해갔다. 그녀의 활동범위는 점점 좁아지고 남자친구에게 의지하는 시간은 길어졌다. 부모님과 함께 살던 집을 나와 남자친구 집 근처로 이사를 해서는 더욱더 그에게 집착하게 됐다. 그리고 남자친구는 어느 날 그녀의 집착이 답답하다며 이별을 통보했다. 이미 그는 다른 여자와 새로운 연애를 시작한 뒤였다.

그 사이에 수차례 폭력도 있었다. 왜 그토록 나쁜 남자에게 맞춰가며 1년이란 세월을 보냈느냐는 말에 그녀는 들릴 듯 말 듯 대답했다. "그래도 헤어지는 것보다는 그가 있는 게 좋았어요"라고. 고등학교, 대학교까지 공부만 열심히 했던 그녀는 사회생활을 시작하면서 모든 게 불안해졌고 누군가 의지할 상대가 필요했던 거다. 어쩌면 강하게 말하고 분명하게 지시하는 그의 태도가 든든해 보였을 수도 있다. 내 인생을 모두 그에게 맡긴 채 사는 것이 이 무서운 세상을 홀로 헤쳐 나가는 것보다 안전하게 보였을 수도 있다.

결국 그녀는 혼자인 것이 두려워 위험한 환경 속에 자신을 내몰았던 셈이다. 분명 그렇게 된 원인이 있었을 것이다. 방치된 채 살아온 역사가 있었을 수도 있고, 보호받는 것이 무엇인지 진정한 사랑을 느껴본 경험이 없었을 수도 있다. 건강하게 의존하고 성장을 위한 도움을 받은 경험이 없다면, 위험한 사랑에 빠져 상처받기 쉽다.

: 의존해왔던 대상을 떠나야 할 때 :

내성적인 성격에 친구 사귀는 게 어려웠던 동민 씨는 대학에 입학한 뒤 더욱더 외로워졌다. 정해진 틀 안에서 생활하던 중고등학교 시절에는 없었던 막막한 감정이 들었다. 수강신청서를 들고 학생식당 구석에 앉아 있는데 누군가가 다가와 말을 걸었다. 그는 한 종교 동아리의 회장이었다. 수강신청부터 교내 시설 이용에 대해 찬찬히 알려주고, 종종 점심시간을 맞춰 밥을 사주는 등 지극정성으로 동민 씨를 도와주었다.

종교가 없었던 동민 씨는 새 종교를 믿고 동아리 활동을 시작했다. 처음엔 학교생활의 일부로 즐겁게 동아리 일에 참여했다. 친구를 사귀니 외로움도 덜했다. 그러나 점점 동아리에서 해야 할 일이 늘어나 학과 공부에 방해가 되기 시작했다. 개인생활에 대한 간섭도 심해졌다. 이건 아니다 싶으면서도 무언가에 이끌리듯 빠져나올 수가 없었다. 내 삶이 내 것이 아닌 것처럼 수동적으로 살아가던 동민 씨는 우연한 기회로 학교 상담센터에서 진로검사를 받게 되었고, 검사결과에 대한 해석을 듣던 중 동아리를 그만두고 싶다는 고민을 털어놓게 되었다. '왜 바로 탈퇴하지 못하냐'는 상담자의 질문에, 대학생활의 전부를 배웠다며 이대로 배신을 할 수는 없다고 괴로워했다. 그는 의지할 곳 없이 막막하고 외로운 마음에 너무 지나치게 동아리에 의지해버렸다. 그리고 그는 동아리를 그만두면 대학생활을 처음부터 다시 시작해야 할 것 같았다.

그는 선배에게 배신감을 심어주고 죄책감을 느끼는 것만큼이나 새로 무언가를 혼자서 시작해야 한다는 막연한 두려움이 커보였다. 이렇게도 저렇게도 할 수 없는 그는 무력감에 빠졌다. 문득 왜 대학에 들어왔는지, 무엇을 위해 사는지, 삶 전반에 대한 회의가 밀려왔다. 그는 의존을 멈추고 다시 시작해야 했다. 당장은 두렵지만 이제 그는, 스스로의 삶을 선택하고 책임져야 했다.

: 스마트폰이 없을 때 생기는 불안감 :

스무 살에 회사원이 된 수빈 씨는 고등학교 때부터 스마트폰을 끼고 살았다. 바쁜 출근길에 스마트폰을 집에 두고 나온 어느 날 알 수 없는 불안감으로 일에 집중이 잘 되지 않았다. 생각해보니 스마트폰 없이 하루를 보낸 적이 거의 없었다. 친한 동료와 이야기하며 그녀는 자신의 삶에서 스마트폰이 어떤 역할을 하는지 돌아보게 됐다. 그리고 지금 이 순간 특히 왜 더 불안해지는지도 찬찬히 정리해보았다. 그녀는 모든 정보를 스마트폰을 통해서 찾았고 친구들도 대부분 그 안에 있었다. 온라인 커뮤니티를 통해 취향이 비슷한 사람들을 만나 사귀고 대화를 하다 보니 현실에서 나와 잘 맞지 않는 사람들과 애써가며 관계를 맺는 것이 귀찮고 피곤했다.

스트레스를 풀기도 쉬웠다. 좋아하는 음악을 듣고 드라마도 보고 좋아하는 연예인과 관련된 기사도 읽으면서 무료한 시간을 보내기도 했다. 특히 입사한 지 얼마 안 되서 느끼는 막막함, 새로 일을 배우고 혼나면서 받는 상처들, 뭔지 모를 압박감 등을 견디기 위해 그녀는 습관적으로 스마트폰을 들었다. 때론 무엇이 현실이고 무엇이 가상공간에서 벌어지는 일인지 혼란스럽기도 했다. 나를 알아주는 친구가 많은 것 같아 흐뭇했다가 금세 사라지는 관계들로 허전해졌다. 그녀가 현실에 발을 딛고 좋은 관계를 맺기 위해서는 스마트폰에서 맺는 관계들, 가상공간에 기댄 그녀의 습관들을 끊어내야 했다.

성인이 되어서도 엄마의 의견을 그대로 따르는 사람이나 어떤 단체 혹은 종교에 자신의 삶 전체를 맡기는 사람, 힘든 연애를 끊지 못하거나 스마트폰에 중독되는 경우 모두 온전히 자신의 삶을 산다고 할 수 없다. 결국 지나친 의존은 자존감에 영향을 준다. 자신에 대한 평가를 뜻하는 '자존감'은 외부 영향에 휩쓸리지 않을 때 유지될 수 있다. 자존감이 높다는 것은 있는 그대로의 나를 바라보고 잘하는 것과 못하는 것을 인정하며 그래도 괜찮다고 말해줄 수 있는 것을 뜻한다. 즉, 내가 누구인지, 나를 잘 아는 것에서부터 시작되는 것이다. 따라서 내 삶에 대한 결정권을 누군가에게, 무언가에게 맡기게 되면 나를 알 수 있는 기회는 점점 줄어들고 자존감은 낮아질 수밖에 없다. 그리고 자존감이 낮아진 채로는 더욱더 많은 것에 많은 사람들에게 의존하게 된다. 내 안의 지나친 의존을 알아차렸다면, 자존감을 다시 끌어올려야 한다. 또한, 건강한 관계를 맺고 싶다면 일단 의존하는 내 마음부터 알아줘야 한다. 의존 이면에 있는 마음, 욕구를 알게 되면 내려놓기도 쉬워진다. 나아가 누군가에게 의존하지 않고 내 스스로 내 욕구를 살펴주고 나를 단단하게 하는 방법도 실천해볼 수 있다.

매번 누군가의 인정을 받아야만 안심이 된다면

새벽 내내 비가 내리더니 언제 그랬냐는 듯, 하늘이 맑아지고 있다. 구름이 걷히면서 해가 드러나는 모양새가 마치 '나 여기 있어요'라고 얼굴을 내미는 것 같다. 맑은 하늘에 기분도 맑아지니 새삼 햇살이 반갑다. 거기 잘 있어주어서 참 고맙다. 아이를 키우다 보면 이런 순간들이 정말 많다. 아이가 '엄마 나 여기 있어요, 나 좀 봐주세요!'라며 얼굴을 내밀며 자기를 봐달라고 한다. 그렇게 엄마를 돌려세운 아이는 엄마의 얼굴을 보고는 안심한다. 이런 과정이 반복되면 어느 순간부터 아이는 더 이상 엄마를 찾지 않는다. 엄마의 미소가, 다독이는 말투가, 가만히 품어주는 따뜻함이 아이의 마음속에 새겨져 이제 혼자서도 안심할 수 있게 되는 것이다.

: 관계의 출발, 사랑과 인정의 욕구 :

성인이 되어서도 계속 엄마에게 지나치게 의존하게 된다면, 혹은 엄마가 아닌 누군가에게 집착하게 된다면 확인받고 싶은 아이의 마음이 아직 해결되지 않은 채로 남아 있는 것일 수 있다. 아이는 왜 매순간 엄마를 찾았던 것일까? 불안하기 때문이다. 세상에 적응하는 과정에서 알 수 없는 많은 것들이 불안할 수밖에 없다. 무엇이 잘된 것인지 아닌지조차 알 수 없으니 매번 확인해야 한다. 아이를 보살펴주는 엄마나 아빠 혹은 다른 누군가는 하나하나 가르쳐준다. 옳고 그름의 기준과 함께 살면서 지켜야 할 규칙을 알려준다. 때론 거울처럼 그대로 보고 배우기도 한다.

그 과정에서 아이는 세상을 조금씩 알아가고 자신감도 생기게 된다. 그럼에도 불구하고 아이는 또 엄마를 찾는다. 이번에는 낯선 세상에서 느끼는 불안과는 조금 다르다. 바쁜 엄마를 돌려세우는 아이는

사랑을 확인하고 싶은 것이다. 가르쳐준 대로 잘하고 있으니 인정해
달라고 부른다. 결국 사랑받지 못할까 봐 불안하고 사랑받지 못하면
혼자가 될까 봐 불안하다. 엄마에게 사랑받고 의존하는 것은 어린아
이에겐 생존의 문제이기 때문에 그만큼 절박하다.

나이가 들면 자연스럽게 세상 사는 법을 터득하게 된다. 물론 어
린 시절 방치되었던 사람은 여전히 모르는 것이 많고 그래서 불안하
고 확인하고 싶어 한다. 그러나 대부분은 사회생활을 통해, 수많은 좌
절을 통해 몰랐던 것을 깨닫게 된다. 따라서 성인이 된 후 확인받고
싶은 마음이 드는 것은 사랑과 인정의 욕구를 갈망하는 것이 대부분
이다. 내가 잘한 것을 인정해달라고, 나를 사랑한다는 것을 알려달라
며 누군가에게 집착한다. 어린 아이가 엄마를 찾듯이 누군가를 불러
세우고 나를 봐달라고 조른다. 때론 이런 과정이 친밀한 관계의 시작
이 되기도 한다.

사랑을 표현하지 않고 알아달라고 조르지 않는 관계는 무미건조
하다. 불안할 때 혼자가 아니라고 손잡아주고, 자신감이 떨어질 때 충
분히 괜찮다고 칭찬해주는 사람이 한 명쯤은 있어야 인생의 힘든 순
간을 잘 버틸 수 있다. 그런 면에서 성인이 된 우리들에게도 심리적인
엄마가 필요하다. 흔히 연인관계는 마음 놓고 퇴행할 수 있는, 즉 어

린아이처럼 굴어도 괜찮은 유일한 관계라고 말한다. 상대방이 어떤지 거울처럼 잘 비춰주는 것은 사랑의 과정이기도 하다. 때론 발가벗겨져 초라한 모습 그대로를 보여주게 되고 갈등이 생기기도 하지만, 그런 채로도 좋고 그로 인해 성장할 수도 있다.

　문제는 '매번' 확인해야 하는 것이다. 스스로 사랑받을 존재인지를, 인정받고 있다는 것을 확인해야만 마음이 놓인다면 어떨까? 나 스스로 나를 인정하고 사랑할 수 없으니 대신해줄 대상을 찾게 된다. 그리고 그 대상에 의존하고 더 좋은 평가를 얻기 위해 눈치를 살피며 상대방에게 맞추게 될지도 모른다. 독립된 나로 누군가를 사랑하는 것이 아니라 상대의 반응에 내 모든 것을 맡긴 채로 종속된 삶을 살게 된다. 애인에게, 부모 혹은 자식에게 말이다.

: 사랑과 인정을 위해 포기하게 되는 욕구들 :

어쩌면 그 과정에서 사랑과 인정의 욕구는 충족될 수도 있다. 그러나 인간은 사랑과 인정만으로 살아갈 수 없다. 욕구는 보편적이어서 우선순위가 조금 다를 수는 있지만 어느 정도는 균형을 맞춰야 문제가 생기지 않는다. 아무리 사랑받고 싶고 인정받고 싶은 마음이 크더라도, 자율성을 모두 빼앗기고 자기 존중을 실현할 수 없다면 결코 행복할 수 없다. 내가 괜찮은지 확인받고 싶은 마음이 너무 커서, 즉 사랑과 인정의 욕구가 커서 나를 사랑해줄 사람에게 지나치게 맞추고 집착한다면 어떤 욕구가 좌절될 수 있을까?

성인이 되어서도 엄마가 그림자처럼 따라 다니는 사람들을 종종 보게 된다. 결혼을 앞둔 20대 여성은 남자친구와의 갈등이 심해지면서 상담실을 찾았다. 결혼 준비와 관련된 크고 작은 문제들에 친정엄마가 개입되면서 남자친구의 불만이 쌓여갔다. 집을 고르는 것부터 시작해 집안 인테리어, 사소한 살림살이들까지 그녀는 매순간 엄마에게 조언을 구하고 확인을 받아야 안심이 됐다. 회사일로 바빠 결혼 준비에 신경을 쓰기 어려웠던 남자친구는 맘에 안 들어도 대충 넘기는 편이었다. 그러나 결혼식이 다가오자 여자는 점점 더 불안해지기 시작했다. 엄마와 떨어져 산다는 것을 상상할 수 없었다. 항상 곁에서 '우리 딸 잘한다!'고 격려해주는 엄마가 없다는 것이 두려웠다. 엄마 역시 심란해 보였다.

그녀의 불안은 고스란히 남자친구와의 관계에 영향을 끼쳤다. 마치 '너 때문에 나의 안정적인 생활이 깨지는 거야!'라는 식으로 남자친구를 밀어내고 투정을 부렸다. 결혼 준비에 남자친구가 엄마와 다른 의견을 내면 너무 화가 나서 참을 수가 없었다. 스스로도 화가 나는 것을 이해할 수 없었던 그녀는 솔직한 심정을 털어놓으며 마음을 정리해갔다.

우리는 삶의 여러 순간들에서 의존을 넘어 독립으로 가야 하는 과제에 직면한다. 고등학교를 졸업하면서 진로를 결정할 때, 결혼을 결정하고 새로운 살림을 꾸려갈 때 그 후의 여러 가지 크고 작은 선택들이 우리를 불안하게 한다. 스스로 선택한 만큼 책임져야 하기 때문이다. 그러나 불안을 끌어안고 나아가는 그만큼 성장할 수 있다. 익숙하지 않지만 내가 직접 결정하고 불안한 채로 밀고 나가보아야 제대로 배울 수 있다. 잘못된 일은 다시는 안 하기로 다짐할 수 있고, 잘된 일에 대해서는 자신감을 키울 수 있는 것이다. 이 과정에서 사랑과 의존의 욕구와는 또 다른 마음들이 충족된다. 새로운 일에 도전하는 것, 자율성과 잠재된 능력을 펼쳐보는 것, 나의 선택으로 결과가 달라질 수 있는 것을 확인하면서 삶에 대한 통제감을 느끼는 것 등. 사랑과 의존과는 다르지만 삶에서 너무나 중요한 기본적인 욕구들을 충족시킬 수 있는 것이다.

그녀는 결혼이라는 새로운 도전을 통해 성장할 수 있을 것이다. 우리는 결혼을 한 후, 부부라는 동등한 관계 속에서 새로운 사랑을 키워갈 수 있다. 엄마에게 매번 확인받고 인정받지 않아도 불안한 채로 나 스스로를 다독이며 나아갈 기회를 얻는 것이다. 나아가 새롭게 독립하는 과정에서 조바심 내지 않고 믿어주는 엄마가 있다면 그녀는 더 이상 사랑받고 있는지 의심하지 않게 될 것이다. 엄마와 맺었던 안정적인 관계의 출발이 또 다른 관계에서 든든한 버팀목이 되어줄 것이다. 그리고 이제 독립과 관련된 새로운 욕구들을 활짝 펼칠 수 있는 기회이다. 그녀의 여러 가지 마음들이 균형을 찾게 될 때, 불안은 잦아들고 '의지하는 것'은 그저 수많은 삶의 방식 중 하나가 될 수 있다.

물론, 쉽지 않은 과정이 될 것이다. 남편과의 관계에서 부딪힐 수 있고, 스스로도 혼란스러워 갈피를 못 잡을 수도 있다. 이때 내 감정이 어디서부터 비롯된 것인지 잘 살펴보는 것이 중요하다. 예를 들면, 신혼집을 고르는 과정에서 의견 차이가 있을 수 있다. 함께 집을 보러 다니고 현실적인 문제들을 고려해서 살펴볼 때는 남자친구의 의견이 맞는 것도 같은데, 왠지 더 고집을 부리게 되고 화가 날 때, 잠시 멈춰 보는 것이다. 난 왜 굳이 고집을 피우는지, 어떤 지점에서 화가 난 건지, 내가 정말 원하는 것이 무엇인지 말이다. 무의식중에 엄마가 싫어할 것 같은 생각은 아예 하지 않으려는 것은 아닌지, 엄마를 설득해야 하는 과정이 버겁게 느껴지는 거라면 오히려 나의 화는 엄마를 향한 것일 수 있다.

혹시 '내 말을 따르지 않으면 난 기분이 나쁠 것이고 네 곁에 있어
줄 수 없어!'라는 엄마의 메시지가 나를 불안하게 만드는 것은 아닐
까? 그렇다면 나의 화는, 나의 불안함은 엄마에게 표현될 수 있어야
한다. 직접적으로 말할 수 없다 하더라도 마음을 가라앉혀 잘 설득해
볼 수는 있다. 때로는 관계가 끊어지는 위험을 감당해야 할 수도 있
다. 그리고 그 과정들은 나와 내가 의지했던 엄마의 삶을 위한 가치
있는 도전이 될 것이다.

낮은 자존감,
자기를 보호하지 못하는 사람들

어린 시절부터 폭력에 노출됐던 사람들은 두려운 만큼 익숙해진 폭력에서 벗어나기가 쉽지 않다. 여기서 말하는 폭력이란, 신체적인 것뿐만 아니라 언어적인 것도 포함된다. 가혹한 체벌을 받는 것은 물론, 온갖 비난의 말들도 들었던 사람이라면 더욱더 자존감이 낮아질 수밖에 없다. 때론 상대적으로 괜찮은 것에 매달리기도 한다. 즉, 나를 때리는 아빠가 있는 것이 곁에 아무도 없는 것보다는 낫다고 생각한다. 최악의 경우를 막기 위해 차악을 선택하며 자기 스스로를 방치해둔다. 누가 봐도 나쁜 연애에 빠지는 경우, 나쁜 남자에게 의존하는 여성들을 보면 이와 같은 경우가 종종 있다. 헤어지려고 할 때마다 구슬리고 붙잡는 남자의 말에 흔들린다. 그동안의 행동을 이해할 수 있고, 때론 그에게 미안하기까지 해서 헤어질 이유가 없다고 생각하게 된다. 그러나 폭력이 반복되는 순간, 정신을 차리게 된다.

: 나를 보호해주세요 :

겉으로 볼 땐 좋을 게 하나도 없는 것 같은데, 왜 이처럼 나쁜 대상에게 의지하게 될까? 그가 있어야 살아 있다는 느낌을 받는다면 어떨까? 부정적인 반응이라도 반응이 없는 것보다는 있는 게 나을 수 있다. 그리고 그런 반응을 통해 존재감을 느낄 수 있다면 자존감은 무너질지언정 살아 있다는 것을 확인할 수 있으니 괜찮다. 살아 있기 위해 온전히 살 수 없는 길을 선택해야 한다는 모순 속에서 자존감은 점점 낮아진다. 그(그녀)는 반복되는 폭력 속에서 자기비난의 목소리를 마음 깊이 새기게 될 것이다. 그렇게 더 약해진 상태에서는 더욱더 벗어나기 힘들다. 이 과정을 통해 폭력의 굴레에 더 의존하게 된다.

안전한 환경에서 생존의 위협으로부터 보호받은 아기는 환경과의 상호작용을 통해 자기 존재를 확인해간다. 내 몸과 마음 하나하나를 인식하고 무엇이 필요한지 알게 된 아이는 자기를 지키는 것이 자연스럽다. 건강한 자기인식능력은 건강한 자기사랑의 출발이 된다. 외부의 위험으로부터 스스로를 보호하고 소중한 나를 더욱 사랑하게 된다. 반대로 생명의 위협을 느끼는 상황에서 자기를 발달시킨 아이들은 어떻게 해도 안전할 수 없는 상황에서 스스로를 방치하게 될 수도 있다. 여기서 말하는 생명의 위협을 느끼는 상황이란 여러 가지가 있다. 부모의 학대나 방임, 가난 등 버려질 위기에서 가까스로 살아남은 경우일 수도 있다. 때론 위험한 상황에 대해 더 예민하게 감지하고 더욱더 방어적인, 더욱더 공격적인 사람으로 성장할 수도 있다.

스스로를 보호할 수 있을 만큼 단단한 자기가 형성되지 못한 이들은 무의식적으로 강한 대상을 찾게 된다. 좀처럼 거절하지 못하고 자기주장을 펼치지 못해 부당한 대우를 받기도 하는 남성은 유난히 자기주장이 강하고 싫은 소리도 주저하지 않고 잘하는 여성에게 끌리기도 한다. 그녀가 본인에게 온갖 짜증을 퍼붓고 화를 낸다고 할지라도 말이다. 이런 그의 마음속에는 자기보호에 대한 욕구가 있을 수 있다. 나는 하지 못하는 것들을 척척 해낼 때 대리만족을 느낄 수도 있다. 나아가 나를 보호해줄 사람일 거라는 생각에 든든해질 수도 있다.

: 그는 정말 당신을 보호하고 있는가 :

불행하게도 이들은 의지하는 대상에게서 결핍된 욕구를 채우기는 어렵다. 싸움에서 다칠까 봐, 안전하게 살아남기 위해 적의 숙소에 발을 들이는 것과 비슷하다. 갈등 앞에서 속수무책인 사람은 센 상대에게 맹목적으로 의존하는데, 그 상대는 결코 내 마음 같지가 않은 것이다. 그가 날을 세워 보호하는 것은 내가 아니라 바로 그 자신일 뿐이다.

30대 직장인 성민 씨는 결혼과 동시에 무력감에 빠졌다. 신혼이라 깨가 쏟아질 거라 기대하는 주변사람들의 생각과 달리 그의 우울은 점점 더 깊어갔다. 가난한 가정에서 외동으로 자란 그는 몸이 아픈 어머니와 일용직 노동자였던 아버지 사이에서 열심히 공부하고 집안일도 도우며 건강하게 자랐다. 술에 취한 아버지와 어머니의 다툼 때문에 괴롭긴 했지만 그럴수록 우울할 틈 없이 더 스스로를 몰아붙였다. 다행히 친구들이 많아서 밖에 나가면 우울한 생각들을 떨칠 수 있어 좋았다. 성민 씨가 대학을 졸업하고 사회생활을 시작했을 때에도 '사람 좋다'란 평가를 받으며 성실하게 실력을 쌓아갔다. 그런 그가 일에서 어느 정도 안정이 됐을 즈음, 소개팅으로 한 여자를 만났다. 그녀는 때로 성민 씨에게 핀잔을 주고 자신의 요구를 들어주지 않으면 버럭 화를 내기도 했다. 하지만 자기 관리를 잘하는 예쁘고 똑 부러진 그녀에게 성민 씨는 묘한 매력을 느꼈다. 그리고 2년의 연애 끝에 결혼을 했다.

사실 연애 중에도 헤어질까 말까를 수십 번 고민했다. 그녀와의 다툼은 대부분 '왜 내 생각과 다르냐', '왜 내 맘에 맞춰주지 못하냐'는 것이어서 그는 매번 뒤통수를 맞은 것처럼 멍해졌다. 크게 잘못한 건 없는 것 같은데 다르다는 이유로 그녀에게 사과해야 하는 일들이 늘어가면서 성민 씨는 지쳐갔다. 그럼에도 불구하고 헤어지지 못했던 건, 스스로도 잘 챙기지 못하는 성민 씨를 그녀가 엄마처럼 챙겨주었기 때문이다. 이제까지 받아보지 못했던 보살핌이었다.

여자친구는 시간이 지날수록, 더욱더 그의 생활에 관여했다. 옷 입는 것, 먹는 것부터 시작해 어떤 친구를 만날지, 시간 관리를 어떻게 해야 하는지 등, 어린아이를 다루는 것 같았다. 제3자가 한발 물러나서 봤을 땐, 확실히 지나치다 싶은 간섭이었지만 성민 씨는 그게 싫지 않았다. 답답하고 짜증날 때도 있었지만, "다 너를 위해서야"라는 말이 돌아올 때면 바로 마음을 고쳐먹고 고마운 마음도 들었다.

: 오랜 결핍이 당신에게 주는 것들 :

아기 때 보호받지 못하고 기본적인 보살핌이 부족했던 성민 씨는 여자친구의 지극히 자기중심적인 간섭이 사랑이며 보살핌이라고 착각했다. 그녀는 남자친구를 마치 자기 소유물인 것처럼 꾸미고 관리하려고 했을 뿐이다. 정말로 사랑했다면 그에게 얼마나 친구들이 힘이 되는지 알고 배려해줬어야 했다. 정말로 그를 알려고 했다면, "대체 왜 그런 생각을 하지?"라고 화를 낼 것이 아니라 "그렇게 생각하는구나. 왜 그런지 궁금해"라고 그의 마음을 들어줘야 했다. 정말 그를 아끼고 보살펴주고자 했다면, 그가 원하는 것을 잘 알아갈 수 있도록 도와주고 기다려주어야 하는 것이다.

결혼 후 아내의 간섭이 점점 더 심해지고 성민 씨가 갖고 있던 재능마저 버려야 하는 상황이 되자 그는 뭔가 잘못된 것을 느꼈다. 왜 그토록 그녀의 폭발적인 화를 참아내며 의지하고 있었는지 의문이 들기 시작했다. 그리고 그녀는 그가 원하는 보살핌, 엄마처럼 따뜻한 안식처가 되어줄 상대가 아니란 것을 깨달았다. 어떤 상대도 엄마가 되어줄 순 없다. 성인이 된 그는 스스로를 잘 보살필 수 있도록, 자존감을 키울 기회가 절대적으로 필요했다. 더욱더 그를 격려해주고 지지해줄 사람이 필요했던 것이다. 어린 시절 적절한 보살핌을 받고 자존감을 잘 유지했던 사람들도 때론 무너질 때가 있다. 하물며 방치되고 무시당했던 이들이 사랑을 가장한 폭력에 시달릴 때 자존감, 자기를 사랑하는 마음과 자기가 원하는 것을 찾아 시도해볼 수 있는 용기는 더욱 꺾일 수밖에 없다.

내가 생각했던 그런 보살핌이 아니라고 느꼈다면, 의지하는 마음을 끊고 용기를 내보아야 한다. 화를 내거나 무시하는 반응이 돌아온다고 해도, 꿋꿋이 내 생각과 마음을 표현해보아야 한다. 어쩌면 그녀도 애초에 나쁜 마음으로 그에게 접근한 것은 아닐지도 모른다. 그녀 역시 성민 씨가 생각 없이 끌려다는 것 같아 불안하고 초조했는지도 모른다. 그의 마음을 알고 싶은데 어떻게 묻고 기다려야 하는지 모를 수도 있다. 그러니 우선은 서로에 대한 믿음을 갖고 잘 싸워봐야 한다. 그녀의 폭력적인 언행을 막고 나를 존중해달라고 스스로 표현할 수 있는지 말이다. 어쩌면 내가 나를 보호할 수 있는지 시험해볼 수 있는 기회이다.

사랑했던 사이라면 충분히 시도해볼 수 있다. 이런 시도는 아이를 낳기 전에 해보면 더욱 좋다. 가족을 꾸리기 위해 부부 각자의 자존감을 키우는 일만큼 건강한 아기를 키우기 위해 중요한 것은 없다. 아이에게도 마찬가지이다. 존중이 빠진 보호는 진정한 안정감을 줄 수 없

다. 존중과 보호가 함께 제공되고, 충족될 수 있을 때 서로에 대한 신
뢰가 쌓여 건강한 의존이 가능해질 것이다.

손이 안 가는 착한 자녀로
살아왔는가?

인간의 마음은 복잡하다. 혼자 있고 싶다며 방 안에 콕 박혀 있다가도 핸드폰을 뒤져 주변 사람들의 소식을 찾아본다. 전화번호를 누를까 말까 망설이는 순간, 막상 전화가 오면 외면해버린다. 나를 돌봐주지 않고 뒤돌아섰던 엄마가 너무 미웠다가도 엄마가 보고 싶다며 엉엉 울기도 하고, 내게 무심한 아빠가 편하고 좋았다가 어느 순간 야속하고 화가 난다. 이렇게 상반되는 두 마음이 함께하는 것을 양가감정이라고 한다.

: 자유와 독립, 그리고 자유와 의존 :

때론 자유롭고 싶은 마음이 의존을 부추기기도 한다. 현실에서 너무 많은 것을 선택하고 책임져야 하는 사람들은 겉으로 보기에 매우 독립적으로 보인다. 그리고 그 배경에는 어린 시절부터 독립을 강요받았던 환경이 있다. 막중한 삶의 무게에 짓눌리는 이들은 현실의 족쇄에서 벗어나기 위해 또 다른 족쇄를 선택하기도 한다.

50대 중년여성 윤희 씨는 우울증을 앓고 있었다. 딸의 권유로 상담을 시작했지만 썩 내키지는 않는다고 했다. 그녀는 질문에 속 시원히 답을 하거나 편안히 하소연을 하지는 못하면서 상담자의 반응은 유심히 살피고 있었다. 마치 '난 더 이상 뭘 하고 싶진 않지만, 이왕 왔으니 어떻게 좀 해주세요'라는 무언의 메시지를 전달하는 것 같았다. 수동적인 태도 이면에 다소 공격적인 마음이 엿보여 말을 꺼내기가 쉽지 않았다.

윤희 씨의 삶을 돌아보니 '해야 하는 것'으로 가득했다. 친정에선 어려운 살림에 동생 뒷바라지를 해야 하는 장녀였고, 결혼하고는 몸이 불편한 시어머니를 모시고 살면서 잘 보살펴야 했고, 아이들도 챙겨야 했다. 남편은 가부장적인 사람으로 집안일엔 무관심했고, 그 와

중에 아이는 넷을 낳아 윤희 씨의 삶은 주부이자 엄마의 역할로 굳어져갔다. 무엇보다 버거운 것은 스스로 결정하고 책임져야 하는 일이 많다는 것이었다.

그녀는 어렸을 때부터 공부도 잘하고 똑 부러져 '손이 안 가는' 착한 딸이란 말을 들으며 자랐다. 그러나 그녀도 다른 동생들과 똑같은 자식인데, 손이 필요하지 않았을 리는 없었다. 시골 마을에서 먼 곳으로 학교에 다니며 겁이 나는 일도 많았고 새로운 학교에 적응하느라 괴로울 때도 있었다. 친구를 사귈 때 어떻게 말을 걸어야 하는지 난감할 때도 있었고 대학 진학과 취업을 결정해야 할 시기에 누군가의 조언이 절실하기도 했다. 그리고 그녀는 온갖 두려움을 안고 스스로 결정했다. 그리고 그 후의 결과들에 대해 이를 악물고 받아들였다. 후회가 되고 때론 번복하고 싶었지만 어떤 상황도 그녀를 기다려주지 않았고, 쓰린 마음을 다독여주지도 않았다. 유일하게 그녀의 마음을 붙잡아준 것이 바로 '종교'였다.

결혼 후 남편과 부부싸움을 크게 한 어느 날, 집을 나와 갈 곳이 없었다. 잠깐 앉아서 쉬자는 심정으로 근처 교회에 들어갔을 때 윤희 씨는 그동안 경험해보지 못한 '안정감'을 느꼈다. 조용한 교회당 구석에 앉아 드문드문 기도하는 사람들을 지켜보는데 그렇게 마음이 편안할 수가 없었다. 그간 왠지 모르게 조급했던 마음들, 불안함과 분노를 꾸역꾸역 삼키던 마음이 복받쳐 눈물이 흘렀다. 눈물을 쏟아내고 나니 마음이 한결 가벼워졌다. 그날 이후로 윤희 씨는 주말마다 교회를 찾았고 사람들도 사귀게 되면서 신앙심을 키워갔다. 이제 그녀에게 종교는 위안을 넘어선 삶의 전부가 되었다.

아이들을 키울 때도 두려운 매순간 기도로 극복하며 잘 견뎌왔다. 그러나 아이들이 커서 대학에 들어가고 직장을 잡고, 큰 딸이 결혼을 앞둔 시점에서 그녀는 우울감에 빠졌다. 가장 직접적인 계기가 된 것은 딸의 결혼이었다. 자식들이 커갈수록 점점 그녀의 기도대로 되는 것이 없었다. 게다가 그녀의 분신처럼 생각했던 큰 딸이 부모의 반대를 무릅쓰고 결혼을 결정한 순간 윤희 씨의 모든 것이 무너지는 것만 같았다. 믿고 의지했던 신에 대한 배신감도 들었다. 이제 누구보다 고집스러워진 그녀는 딸의 선택을 믿고 따라주는 것이 버거웠다. 모든 일이 내 뜻대로 되지 않는 것 같고 세상이 원망스러워지면서 인생이 그저 허무하게만 느껴졌다.

: 독립의 기술보다 의존의 기술이 먼저 필요한 이유 :

갓 태어난 아기는 혼자서 아무것도 하지 못한다. 그저 존재 자체로 사랑스러우며 시간이 지나면서는 각종 애교를 발산해 사람들이 나를 챙겨주도록 만든다. 본능적으로 의존의 기술을 타고 나는 것이다. 이것이 발달 과정에서 충분히 발휘되고 서서히 조절되어야 우리는 건강하게 독립할 수 있다. 그러나 이런 과정에서 봐주는 사람이 없고 아기의 의존 욕구가 성가신 자극으로 치부되는 가정 안에서 자랐다면 좀 더 빨리 혼자 뭐든 할 수 있게 된다. 충분한 의존을 통해 충전된 에너지로 힘 있게 독립하는 것이 아니라 없는 에너지를 총동원한다. 그리고 스스로 뭐든 해결해야 했던 아이는 어른이 되어갈수록 지쳐버린다. 때론 그저 무작정 의존하고만 싶어진다. 그래서 더 위험하다.

마흔이 넘도록 지치기만 했던 윤희 씨는 종교에 완전히 의지하고 싶었을 것이다. 생각해보면 기도의 힘이라고 믿었던 결정들은 그녀 스스로 신중히 생각해서 내린 판단이었다. 그러나 기도를 통해 신에게 물었다고 생각할 때 그녀의 마음은 한결 가벼워졌다. 막중한 책임의 무게를 덜 수 있었기 때문이다. 그리고 그 결과가 대체로 만족스러웠다. 그 후 교회 공동체에서 논의되는 모든 결정들은 다 옳다고 믿게 되었고 그것을 따르지 못할 때 불안하고 우울했다. 큰 딸의 결혼도 같은 맥락이었다. 이제 더 이상 신의 뜻이 아닌, 교회 사람들의 뜻이 진리가 된 것 같았다. 그녀는 다시 스스로의 생각을 찾아야 했다. 삶에 지쳐 위로가 필요했던 그녀를 인정하고 공감하며, 지나치게 의지하는 스스로의 태도를 객관적으로 볼 필요가 있었다.

그녀는 누구보다 강한 사람이었다. 이미 불안 속에서 수많은 결정들을 해왔으며 그에 따른 책임도 져온 용감한 사람이었다. 물론 그로 인해 많이 지치긴 했지만 남다른 능력자이기도 했다. 그리고 동시에 힘들 땐 누군가가 필요한 지극히 평범한 인간이기도 했다. 그녀는 이 두 가지 모두를 인정하고 표현할 수 있어야 한다. 그럴 때 그녀의 삶은 진정한 자유와 독립을 향해 더 성장할 수 있게 될 것이다.

종교에서 위안을 얻고 가치관을 신뢰하며 따르는 동시에 그녀 개인의 삶을 충분히 꾸려갈 수 있어야 한다. 같은 종교를 믿는다고 모두 같은 생각을 가져야 하는 것은 아니다. 각자의 인생은 다르며 하나의 정답을 맞춰가며 산다는 것도 어쩌면 불가능하다. 완고한 규율 속으로 빠져들 것이 아니라 나의 욕구, 나와 자녀와의 관계 등을 고려하며 융통성 있게 삶을 바라볼 필요가 있다.

지금 윤희 씨에게 필요한 것은 그런 융통성이었다. 그녀 역시 종교라는 틀 안에서 답답함을 느끼곤 했다. 이제 다시 내 안의 목소리를 듣고, 딸과의 관계에서 진정 원하는 것이 무엇인지를 알아야 한다. 더불어 자녀와의 관계도 돌아볼 필요가 있다. 종교를 핑계로 결혼을 반대하고 있지만, 사실상 딸을 곁에 두고 싶고 조종하고 싶은 마음이 숨겨져 있을 수 있다. 엄마라는 역할에 충실했던 윤희 씨가 그 굴레를 벗어나는 것이 두려운 것은 아닌지, 자기 정체성을 유지하기 위해 딸을 내 안에 묶어두고 싶은지도 잘 살펴보아야 한다. 각자 독립된 인격체로 살아가는 것이 자녀와 부모 모두의 행복을 위한 길임을 인식해야 한다.

어쩌면 인간의 마음이 단순하지 않기 때문에 아름다운 것인지도 모른다. 수많은 예술작품들이 갈팡질팡하는 우리의 마음을 대변하고 있어 더 많은 이들의 공감을 얻는 것인지도 모른다. 문제는 그 마음들을 있는 그대로 알아차리느냐 왜곡해서 보느냐이다. "널 위한 거야"라면서 나를 위한 행동을 하는 것은 아닌지, "아무도 필요하지 않아"라고 하면서 홀로 외롭고 지친 마음을 맹목적으로 어딘가에 의지하고 있는 것은 아닌지. 멈춰서 바라볼 수 있고 균형을 맞출 수 있으면 된다. 그 어떤 마음도 소중하지 않은 것은 없기 때문이다. 그렇게 내 마음에 공감할 수 있다면 상대방의 마음에도, 부모나 자녀에게도 공감하기 쉬워진다. 언제나 의지하고 싶은 사람도, 언제나 혼자이고 싶은

사람도 없다. 인간의 욕구는 보편적이라는 것을 기억하면 좀 더 쉽게
내 마음에, 그의 마음에 다가갈 수 있을 것이다.

무언가에 지나치게
의존하고 있지는 않은가?

우리는 본능적으로 기분 좋은 자극을 유지하려 하고 반대로 기분 나쁜 자극은 피하려 한다. 사랑하는 사람은 곁에 두고 싶고, 날 지적하는 상사는 영원히 피하고 싶다. 그러나 삶은 그렇게 만만치가 않아서 늘 좋은 것만 느끼며 살 수는 없다. 어쩌면 나쁜 자극들이 있어서 좋은 자극의 가치가 빛을 발한다. 상사에게 탈탈 털리는 날, 아내의 위로가 얼마나 힘이 되는지를 깨닫게 되며, 술을 한잔하자는 친구의 전화가 한층 더 기쁘고 고마워진다. 문제는 현실의 관계에서 자연스럽게 좋은 자극을 찾을 수 없을 때도 있다는 것이다. 관계에 대한 신뢰가 없는 사람들은 더더욱 그렇다. 가족 안에서 위로받지 못하고 편히 연락할 친구 한 명 없는 이들에게 고통이란 어떻게든 피해야 하는 더 위험한 자극이 된다. 그리고 순간적으로 그 고통을 느끼지 않기 위한 무언가에 의존하게 된다. 어쩌면 다양한 중독들, '알코올, 마약, 담배, 스마트폰' 등은 인간관계에서 신뢰감이 부족한, 외로운 사람들의 유일한 고통 탈출법이 되고 있는 것인지도 모르겠다.

: 잘못된 방식으로 상처를 위로하다 :

현정 씨는 신입생 때 과 선배와 1년을 사귀다 헤어진 후 깊은 무력감에 빠졌다. 수업에 빠지는 횟수도 늘어났고 시험기간에도 공부를 시작할 수 없었다. 이제 고작 스무 살인 그녀는 어느새 삶에 대한 의욕을 잃고 생기도 잃었다. 어느 누구도 실연의 아픔에서 자유로울 수 없다. 일상이 무너지고 한동안은 무기력할 수 있다. 그럼에도 불구하고 현정 씨의 우울은 너무 깊고 너무 오랫동안 지속되었다. 부모님과 오빠, 네 가족이 함께 사는 집에서 현정 씨의 존재는 투명인간 같았다. 사업가인 아빠는 너무 바빠서 거의 얼굴을 볼 수 없었고 엄마는 늘 사람들을 만나느라 밖으로 나갔다. 대학 졸업반이 되어 취업준비 중인 오빠는 그의 문제로도 바빴지만 그렇지 않더라도 현정 씨를 챙길 리 없는 차갑고 이기적인 사람이었다.

그렇게 외롭게 지내던 현정 씨에게 남자친구의 존재는 그야말로 삶의 유일한 희망 같은 것이었다. 입학 후 어리바리했던 그녀에게 먼저 다가와 자상하게 학교생활을 안내해주면서 가까워진 둘은 금세 연인관계로 발전했고 현정 씨는 드디어 삶의 의미를 찾은 것처럼 행복감을 느꼈다. 남자친구는 외모, 성격, 능력 등 무엇 하나 빠질 것이 없어 학교에서도 제법 유명한 사람이었다. 그런 그가 자신을 사랑한다는 것부터 믿기지 않았다. 스스로도 몰랐던 그녀의 장점을 찾아주고 격려해주었고, 아끼고 사랑해주는 남자친구에게 현정 씨는 점점 더 의지하게 됐다. 이런 현정 씨에게 갑작스러운 이별 통보는 충격 그 자체였다.

사실 그는 오랫동안 사귀던 여자친구가 있었다. 크게 다투고 헤어진 후 얼마 안 되서 현정 씨를 만났던 거다. 다시 돌아온 과거의 애인이 매달리고 설득하자 그는 마음이 흔들렸고 결국 현정 씨를 떠나기로 결심했다. 이해할 수도 받아들일 수도 없는 이 상황을 현정 씨는 고스란히 떠안아야 할 판이었다. 충격이 조금 지나자 배신감이 밀려왔고 그럼에도 불구하고 어떻게든 다시 붙잡고 싶다는 생각뿐이었다.

그녀의 연락을 더 이상 받지 않는 남자친구의 태도에 현정 씨는 모든 일상을 놔버렸다. 이제 그녀가 할 수 있는 일은 아무것도 없었다.

거의 입학과 동시에 연애를 시작한 그녀는 애인과 헤어지자 학교에서 외톨이가 되었다. 그녀의 딱한 사정에 공감하는 여자선배들이 위로를 해주기도 했지만, 별로 친하지도 않는 후배를 챙기는 데는 한계가 있었다. 동기들 사이에서도 모임에 딱 한 번 얼굴을 보이고는 늘 연애한다고 사라지는 현정 씨는 밉상이었다. 그리고 무엇보다 배신감에 멍해진 현정 씨는 이제 사람에게 의지하는 것 자체가 두려웠다. 그가 누구라 할지라도 믿을 수가 없었다. 그리고 그녀는 너무 외로웠다. 때로는 무서울 정도로, 모두가 적으로 느껴졌고 이 무서운 세상에 혼자 남은 것 같아 견딜 수가 없었다.

어쩔 줄 모르는 시간들을 견디기 위해 그녀는 혼자 술을 마시기 시작했다. 집에 아무도 없던 날, 아빠 서재에서 위스키병을 들고 나와 한 잔 따랐다. 센 술을 쭉 들이켜니 순간 취기가 올라오는 것이 나쁘지 않았다. 한 잔 더 따랐다. 머리를 한 대 맞은 것처럼 띵 하더니 머릿속이 하얘지면서 그간 떠올리던 무수한 생각들이 사라지는 것 같았다. 이제 조금 살 것 같았다. 부정적인 생각에 시달리며 우울해졌던 것도 조금 나아졌고 왠지 모를 힘이 솟는 것만 같았다. 그렇게 매일

밤 그녀는 술을 마셨다. 주말엔 낮에도 마시고 어떤 날은 텀블러에 술을 담아가서 너무 괴로울 때 한 번씩 마시기도 했다. 혼자 술집에 가는 것도 처음만 좀 두려웠지 점점 익숙해졌다. 그녀는 자신의 신경을 조금 느슨하게 하는 방식으로, 무뎌지게 만들면서 때론 달콤한 자극을 주면서 세상에 거리를 둔 채로 버틸 수 있었다.

: 중독이 위험한 이유 :

중독의 문제는 결국 인간관계 문제에서 비롯되는 경우가 많다. 가족 안에서의 소외, 학교 안에서의 따돌림, 직장 생활에서의 고립 등 관계를 잘 맺기 힘들 때 사람이 아닌 무언가에 지나치게 의지하게 된다. 혹은 반대로 무언가에 빠져 관계에서 멀어지기도 한다. 사람이 아닌 대상은 대체로 내가 통제할 수 있어서 내가 원할 때 즉각적인 도움을 주기도 한다. 처음엔 분명 통제할 수 있는 것이었다. 돈만 있으면 살 수 있으니 애태우지도 않는다. 그러나 시간이 갈수록 통제할 수 없게 된다는 것이 큰 재앙이다. 그들은 더 이상 술 없이는, 음식 없이는, 인터넷에 접속하지 않고는 즐거움을 느낄 수 없다. 술이, 음식이 나를 집어 삼키며 인터넷이라는 가상공간이 나를 쥐고 흔든다. 더욱더 약해지며 더욱더 고립되고 세상은 더 무서워진다. 달콤한 자극의 순간을 뺀 모든 시간은 그들에게 두렵기만 하다. 자존감은 더 낮아지고 삶의 의미를 찾기는, 행복감을 느끼기는 더욱더 힘들어진다.

　일단 무엇이든 중독되고 나면 바로 빠져나오기가 쉽지 않다. 단계를 밟아 천천히 벗어나야 한다. 우선은 중독으로 인해 삶이 피폐해지고 있다는 것을 인식하고 받아들여야 한다. 술을 마시는 동안 현실의 고통을 잊을 수 있어 좋지만 그 후에 벌어지는 크고 작은 사고들에 스스로가 얼마나 위축되고 있는지 알아야 한다. 정신을 차리고 현실에서 챙겨야 하는 것들(학점, 친구관계, 취미생활 등)이 어떻게 망가지고 있는지를 정확히 보아야 치료의 동기가 생긴다. 치료의 동기가 생겼다면 일단 반은 성공한 셈이다. 그렇다고 해서 조급한 마음에 무리한 계획을 세워서는 안 된다. 지킬 수 없는 나와의 약속은 잦은 실패 경험을 낳고, 그것은 또다시 포기하고 체념하는 계기가 되기 때문이다.

　처음에는 작은 것부터 시작한다. 현정 씨의 경우, 텀블러에 술을 담아 몰래 마시는 일을 안 하는 것부터 시작했다. 최소한 공부를 하는 시간에는 공부만 하고, 잘 참은 자신에게 당당하게 술 한잔할 기회를 준다면 어떨까? 그 다음 단계는 횟수를 조금 줄이고, 그 다음은 뭔가 힘든 일로 술이 생각날 때 한 번 참아보고 참은 후의 만족감을 느껴보는 것이다. 이렇게 조금씩 단계를 밟아야 의존행동에서 벗어날 수 있다. 이때 대체행동을 만드는 것도 좋다. 담배를 끊을 때 사탕을 먹거나 무언가를 입에 물고 다니는 것처럼 의존의 대상을 넓히면 하나의 대상에 집착하는 마음을 조금 내려놓을 수 있다.

: 일상 속에서 즐거움을 찾아보려면 :

어쩌면 삶의 대부분은 지루한 시간들이다. 이 지루한 일상들을 어떻게 경험하느냐에 따라 행복감을 느끼는 정도는 달라진다. 그리고 일상의 즐거움은 믿음으로 연결된 관계 속에서 더 잘 경험될 수 있다. 고통을 처리하는 것도 마찬가지이다. 술이나 마약으로 내 정신을 놓아버리지 않고도 잘 버틸 수 있게 되는 것은 고통을 나눠줄 누군가가 있기 때문이다. 내 이야기를 들어주고 잘 떠나보낼 수 있도록 곁에서 함께해주는 사람이 있다면 무언가에 의존하지 않고, 나를 망가뜨리지 않고도 이겨낼 수 있다. 대상을 통해 순간의 쾌락을 경험하면, 그 대상이 사라짐과 동시에 즐거움 또한 사라진다. 그러나 매순간을 대하는 나의 관점을 변화시켜 소소한 즐거움을 내 힘으로 찾게 되면, 그때의 즐거움은 온전히 내 것이 된다.

이른 아침 출근길에 잠시 스친 바람의 감각이 얼마나 부드러운지,

동료와 함께 마시는 차의 향기가 수고한 내 몸과 마음을 어떻게 달래주는지, 외로운 이 세상을 함께 살아갈 가족이 있다는 것이 얼마나 고마운 일인지…. 조금만 더 천천히, 주의를 기울이면 일상의 많은 것들이 결코 지루하지 않다는 것을 알게 된다. 이렇게 세상을 좀 더 따뜻하게 바라볼 수 있다면 곁에 있는 사람에게 마음을 열어볼 수 있다. 슬픔을 나눌 수 있고 집착에서 벗어날 수 있으며 지나친 의존 없이도 일어설 수 있다. 어쩌면 이러한 과정 자체가 인간이 누릴 수 있는 최대의 행복이 아닐까?

:

제

2

장

:

'나는 왜 의존하려 할까?', 심리학으로 풀어보는 의존과 독립

의존성 성격장애란
무엇일까?

성격장애를 포함한 다양한 정신장애를 진단할 때 미국 정신의학
회의 진단 기준인 DSM(Diagnostic and Statistical Manual of Mental
Disorders: 정신장애 진단과 통계를 위한 매뉴얼)-V를 참고한다. 이 기준
에 따르면 보호받고자 하는 욕구가 지나쳐 누군가에게 복종하고 매달
리는 행동을 하며 분리에 대한 공포가 나타날 경우, '의존성 성격장애
(Dependent Personality Disorder)'를 의심해볼 수 있다. 이러한 증상
은 성인 초기에 시작되어 다양한 상황에서 나타나며 다음 8가지 내용

중 5가지 이상의 증상으로 나타난다.

1. 일상적인 일에 대해 결정할 때에도 다른 사람에게 지나친 조언이나 위안을 얻고자 한다.
2. 자기 인생에서 매우 중요한 영역까지 누군가 대신 책임져주기를 바란다.
3. 지지와 인정을 받지 못할까 봐 다른 사람의 의견을 반대할 수 없다. (단, 현실적인 보복에 대한 공포는 포함되지 않는다.)
4. 자기 스스로 무언가를 시작하거나 실행하기 어렵다. (동기나 활력의 문제가 아니라 판단이나 능력에 자신이 없기 때문에)
5. 사랑받거나 지지를 얻기 위해 불쾌한 일마저 자원해서 하고자 한다.
6. 혼자서는 잘할 수 없다는 공포로 인해 혼자가 되면 불안해지거나 무력감을 느낀다.
7. 친밀한 관계가 끝이 나면 자기를 돌봐줄 다른 관계를 애타게 찾는다.
8. 홀로 남겨져 스스로를 돌보게 되는 상황에 대해 비현실적으로 공포감을 느낀다.

사람은 누구나 혼자서는 살 수 없다. 또 완전히 독립적일 수도 없다. 따라서 어느 정도는 의존하고 상의하며 책임을 나누고 인정과 사랑을 구하는 것이 정상이다. 그러나 너무 지나친 것이 문제가 된다.

위에서 살펴본 것처럼, 의존성 성격장애란 의존의 정도가 지나쳐서 거의 병적인 상태에 이른 성격을 말한다. 혼자서는 어떤 결정도 내릴 수 없으며 본인 삶에서의 중요한 결정을 남에게 떠넘긴다. 거절하지 못하고 자기 확신에 찬 사람들에게 휘둘려 자신감을 잃고 누군가에게 위안을 얻고자 한다.

2007년 개봉작 〈웨이트리스〉는 결혼 후 자기를 잃고 남편의 눈치를 살피며 살아야 했던 여성이 자유를 찾는 이야기를 그린 영화이다. 주인공 제나는 파이를 만드는 웨이트리스이다. 그녀는 자신의 감정을 파이에 담아 만드는 특별한 재능을 갖고 있었지만, 그 감정을 직접 표현하고 상대방의 부당한 요구를 거절할 수 있는 용기는 없었다. 아내에 대한 배려 없이 자기 욕구만 채우려고 했던, 폭력적인 남편을 견딜 수 없어 괴로워하던 제나는 임신 후 그녀를 돌봐주는 산부인과 의사와 사랑에 빠지기도 한다.

그 후 그녀의 헌신은 결혼한 의사 포메터 박사에게 향한다. 어쩌면 제나는 의존의 상대가 필요했는지도 모르겠다. 난폭한 남편이지만 언제나 곁에 있어주는 사람, 결혼한 남자이지만 자기 재능을 알아봐주고 사랑해줄 사람에게 매달리고 있었다면 어떨까? 다행히 그녀는 아이를 낳으면서 남편과도 의사와도 이별을 선언한다. 엄마가 된 제나는 아기와 함께 자기 자신도 새롭게 태어난 것처럼 보인다. 스스로를 보호하고 온전히 자신과 아이를 위한 선택을 하는 제나의 모습은 그 어느 때보다도 행복해 보인다.

〈웨이트리스〉의 주인공 제나는 그녀의 재능을 살려 파이가게를 차리게 된다. 어린아이와 둘이 어쩌면 많이 힘들고 버겁겠지만, 스스로 무언가를 해내는 경험은 자신감을 찾고 나의 삶을 사랑하는 데에 중요한 역할을 한다. 지금 나는 어떠한가? 성격장애까지는 아니더라도 과도한 의존 때문에 자신감이 떨어지진 않았는가? 헤어지는 것이 두려워 상대에게 지나치게 맞춰주고 있는가? 혼자인 시간을 견디지 못해 끊임없이 누군가를 찾고 있지는 않는가?

: 스스로 결정하고 책임지는 게 두렵다면 :

선택에는 책임이 따른다. '자유로운 선택'이라는 말 자체가 주는 긍정적인 이미지와는 달리 어쩌면 무겁고 두려운 무엇일 수 있다. 사소하게는 회식자리에서 메뉴를 정하는 것부터 결혼 상대를 결정하는 것까지. 우리는 결과를 책임지기 싫어서 선택을 미루기도 한다. 그러나 선택하지 않는 삶은 결국 나의 삶이 아니다. 누군가에 의해, 무언가에 의해 살아지는 것이지 사는 것이 아니다. 스스로의 선택권을 포기한다면 책임이 없는 만큼 내 삶에 대한 애착을 가질 수도 없다. 예를 들면 엄마의 선택으로 남편을 골랐다고 하자. 그 남편이 나를 괴롭히는 사람이라면 어떻게 하겠는가. 평생 엄마를 원망하며 결혼생활을 유지하는 것은 어떤 의미가 있겠는가. 반대로 내가 그를 선택했다면 그리고 그 선택을 후회한다면, 다른 선택을 해볼 수 있다. 결과에 따른 책임을 진다면 그만큼 내가 원하는 다른 길을 갈 자격이 생기는 것이다.

물론 책임을 진다는 것이 말처럼 쉽지는 않다. 주변 사람들의 비난을 감수해야 할 수도 있고 가족들에게 상처를 줄 수도 있으며 그로 인해 고립될 수도 있다. 혹은 나의 선택인지 확신이 안 설 수도 있다. 표면적으로는 내가 선택한 사람일지라도 무언의 압박이 있었다면 그것은 온전한 나의 선택이 아니다. 반대로 내가 선택했지만 나를 충분히 알고 한 선택이 아닐 수도 있다. 이렇게 복잡한 의문들에 대해 집요하게 답을 찾아가다 보면 지금 이 순간 내가 원하는 것, 내 삶에서 필요한 것을 찾을 수 있게 된다. 찾았다면 용기를 내서 다시 시작하면 된다. 어느 누구도 완벽할 수 없다. 그저 자신의 삶에 비추어 기준을 만들어갈 뿐이다. 딸의 행복을 바라는 엄마라고 해서 오직 딸을 위한 최선의 해결책을 갖고 있을 리 없다. 그저 엄마의 삶 속에서 그녀가 생각한 세상에 대한, 배우자에 대한 견해가 있을 뿐이다. 따라서 각자의 마음을 잘 알고 표현하며 조율해나가는 것이 모두를 위한 답이 된다.

: 그를 놓치지 않기 위해 지나치게 희생하고 있지는 않은가? :

아무리 생각해도 행복하지 않은 관계를 이어가고 있는가? 그렇다면 의존적 성향에 대해 생각해보자. 끊임없이 내가 원하는 것만 있고 이루지는 못하고 있는가? 왜 상대에게 내 마음을 솔직하게 말하지 못하는가? 하기 싫으면서 그가 원하는 무언가를 하고 있는가? 왜 싫다고 말하지 못하는가?

자신감이 없는 사람들은 반대로 자기 확신에 찬 사람들에게 매력을 느낀다. 내가 하지 못하는 결단을 그가 내려줄 것 같아 기대기도 한다. 그러나 정작 자기 확신에 찬 사람과 자신감이 없는 사람이 만나면 어떤 일이 벌어질까? 한쪽의 말이 절대적인 진리가 되어 다른 한 사람은 끌려갈 수밖에 없다. 자신감이 없는 사람은 계속 자신감이 없어지고 자기 확신을 가진 그는 더 강한 자기주장을 굳혀가게 된다. 내게 부족한 부분을 잘 알고 격려해주는 사람을 만나는 것은 중요하다. 둘 다 똑같이 자신감이 없다면 어쩌면 관계 자체가 이루어지지 않을 수도 있다. 서로 눈치 보고 있는데 진전이 있을 리가 없는 것이다. 그러나 나의 부족한 점이 계속 부족해지는 관계는 적극적으로 피해야 한다.

자신감이 없는 나를 알아주고 키워나갈 수 있게 격려해줄 수 있는 사람을 만나야 한다. 위축된 나를 이용해 자기중심적인 관계를 만들고자 하는 사람은 나를 사랑하는 사람이 아니다. 현재의 내가 자신감이 없을 뿐이지, 자신감이 없게 타고나는 사람은 없다. 지금 내가 흔들리고 의존하고 싶은 것이지, 우리는 모두 개개인으로서 성장하고 독립하고 싶다. 영화 〈웨이트리스〉에서의 주인공은 마침내 남편을 위한 삶(그녀에겐 전혀 득이 될 것이 없는 희생의 삶)에서 벗어나 헤어지겠다고 선언한다. 마지막 장면에서 파이를 손에 들고 걸어가는 그녀의 모습은 그 어떤 사랑의 장면보다 아름답다. 스스로가 책임질 수 있는 삶은 힘든 만큼 특별하고 그만큼 빛난다.

: 혼자 있는 시간을 견딜 수 없어서
끊임없이 누군가를 찾고 있다면 :

우리는 현실의 삶이 팍팍할수록 즐거운 자극을 찾으려 한다. 이때 나의 여유시간을 누군가를 만나는 데에 모두 쓰고 있는가? 혼자만의 시간을 남겨두지 않고 빼곡하게 약속으로 채워둔다면 잠시 생각해보자. 그 만남들이 나를 충전하는 데에 얼마나 득이 되었는가? 혹 더 지치고 힘들어지는 것은 아닌가? 사람을 만난다는 것은 기꺼이 나의 에너지를 나눌 수 있을 때 더 즐거워진다. 물론 내가 힘들 때 나를 위해 진심을 다해 애를 써주는 사람이 있다. 연인관계가 그렇고 가족이 그 역할을 해주기도 한다. 참으로 고마운 일이며 내가 잘 살아왔다는 증거이기도 하다. 그럼에도 불구하고 나를 가장 잘 알고 잘 보살필 수 있는 것은 나 자신이다. 그래서 혼자서 생각을 정리할 시간과 내가 원하는 것을 알아차릴 시간이 필요한 것이다. 의존적인 사람들은 누군가 곁에 없는 것이 불안해 혼자만의 시간을 잘 허용하지 못한다. 그리고 동시에 지친다. 사람들을 붙잡아두는 데에 너무 에너지를 많이 쏟은 나머지 나를 돌볼 힘이 사라진다.

불안한 것은 감정일 뿐이다. 그리고 그 감정은 내 상태에 따라 변화할 수 있다. 순간의 불안을 잠재우고 혼자만의 시간을 즐겨보자. 스

스로 해결해야 할 문제들을 그대로 안고 살아가는 것은 그 자체로 불안하고 버거운 일이다. 나만의 시간을 확보하고 하나씩 해결해가는 것은 자신감을 키워주고 나를 성장시킨다. 그 사이에 만나지 못하는 사람들이 나를 떠난다면 그 사람은 내 삶에 별로 중요한 사람이 아니다. 내가 억지로 붙들어야 만날 수 있는 사람이라면 그 사람은 나를 사랑하는 사람이 아니다.

성격은 쉽게 변하지 않는다. 그리고 '의존성 성격장애'라고 말하는 것은, 지금 이 순간의 의존성을 말하는 것이 아니라 성장과정에서 성격으로 굳어진 면을 말하는 것이기도 하다. 따라서 나의 성격에서 앞의 진단내용과 닮은 면을 찾았다면 단순한 다짐만으로 변화되기는 어려울 것이다. 심리상담을 하는 과정에서 현재의 문제로 과거에 대한 이야기, 가족관계를 다루는 것은 이 때문이다.

그럼에도 불구하고 과거는 과거 자체로 중요한 것이 아니라 현재의 삶에 영향을 끼치기 때문에 의미가 있다. 때론 보기 싫고 지루한 이야기라 할지라도 내 현재 문제의 원인을 찾을 수 있고, 나를 이해하기 위한 재료가 될 수 있다면 용기를 내어 살펴볼 만하다. 다음 장에서는 의존적 성격이 형성되기까지 발달 과정에서 영향을 준 것은 무엇인지 좀 더 구체적으로 다뤄볼 것이다.

인간의 발달 과정에서 살펴보는
의존과 독립의 과정

아이를 낳고 키우는 과정은 신비롭다. 부모로서 해야 할 일들이 늘어나고 예상치 못한 사건들에 힘든 만큼, 그 이상으로 귀한 경험이다. 일단 생명이 탄생하는 것 자체가 기적 같은 일이다. 수많은 가능성을 뚫고 엄마 뱃속에 자리를 잡은 아기는 열 달 동안 조금씩 자란다. 5~6개월이 지나면 혹은 더 빨리 태동이 느껴지면서 소통도 가능해진다. 물론 몸이 변하고 지켜야 할 것도 많아지며 짜증도 늘어난다. 그렇게 인고의 과정을 거쳐 아이는 세상에 나오게 된다. 아이에게 의존은 생존의 문제이다. 엄마의 젖가슴을 찾아 필사적으로 매달리는 아기의 행동들에서 인간의 본능을 확인한다. 동시에 부모 자신의 모습을 들여다보기도 한다. 부모는 아이를 키우며 자신의 어린 시절을 떠올리기도 하고, 그 안에서 수많은 감정들을 경험한다. 아이와 관계를 맺는 과정 역시 새로운 깨달음을 준다. 세상을 더 넓게 볼 수 있고 더 너그러워지며 더 힘을 내볼 수도 있다. 이런 아픈 과정을 거쳐, 그러니까 또 다른 인고의 세월을 거쳐 아이는 성장한다. 그리고 동시에 부모도 성장한다.

: 0~3세: 안정적인 애착관계를 형성하기 위한 의존 :

아이가 태어나면서 아이의 의존은, 그리고 인간의 의존은 다양한 형태로 나타난다. 갓난아기가 엄마 젖을 빠는 행위를 떠올려보자. 아기들은 상대를 배려할 줄 모른다. 그저 빨고 물고 거부하면서 그 순간의 욕구를 충족시키는 것이다. 그 안에서 느껴지는 절박함들이 때론 조금 섬뜩하다. 말로 소통할 수 없는 그들은 울음으로, 몸짓으로, 표정과 행동으로 감정을 표현한다. 이때 엄마는 모호한 반응에 대한 정확한 답을 주기 위해 애를 쓴다. 그런데 그런 엄마가 없다면 어떨까? 고아가 된 아이들이나 아이를 낳고도 아이를 돌볼 힘이 없는 엄마 곁에서 자랐다면?

부모와 아이의 안정된 애착을 강조하는 것은 아이에게 충분히 의존할 수 있는 환경을 제공하는 것이 중요하다는 뜻이기도 하다. 특히 태어나서 만 3세까지 양육자와 애착을 형성하는 시기에 의존할 대상이 자꾸 바뀐다면 그리고 충분히 의존할 수 없다면 이는 뿌리 약한 나무와 같다. 지지기반이 약해 흔들리고 쉽게 무너지며 어딘가에 기대지 않고는 제대로 살아갈 수 없게 된다.

이승우의 소설, 〈사랑의 생애〉에 등장하는 영석이라는 인물은 고아로 자랐다. 어린 시절부터 혼자인 것이 익숙한 그는, 매우 독립적인 아니 독립적으로 보이는 성인으로 성장한다. 그런 그가 선희와 연애를 하는 동안 보여주는 모습은 너무 약하고 미숙한 어린아이 같다. 마치 굶주린 짐승이 고기를 찾는 것처럼 앞뒤 가리지 않고 선희에게 달려든다. 애인이 보이지 않을 때 불안해하고 느닷없이 집 앞에 찾아가는 등 닿아 있고 확인되지 않으면 어쩔 줄을 몰라 한다. 그의 불안은 의심으로 이어지고 상대에 대한 통제를 정당화시키는 등 관계에서의 갈등을 일으키게 된다. 그럼에도 불구하고 아기처럼 절박하게 매달리는 영석에게 선희는 연민을 느낀다. 마치 엄마가 된 것처럼 말이다. 어쩌면 엄마의 빈자리를 채워주겠다는 사명감에 사로잡혔는지도 모르겠다. 의존을 경험조차 해보지 못했던, 그 어떤 요구도 해볼 대상 조차 없었던 사람은 마른나무처럼 팍팍해 언젠가 주어지는 물을 온몸 으로 쭉쭉 빨아 먹는다. 독립적인 것이 아니라 의존을 몰라 독립해야 했던 그들은, 성인이 돼서 만나게 된 의존 대상에 집착하기 쉽다.

: 3~6세: 새로운 도전과 더불어 또 다른 의존이 필요한 시기 :

젖을 떼고, 걸음마가 시작되며 말을 하게 되면서 아이는 서서히 새로 운 세상을 탐색하기 시작한다. 어린이집이나 유치원을 다니기 시작하 는 만 3세부터 만 6세까지, 세상 밖으로 나가는 아이는 다양한 사건을 경험한다. 때론 절망하고 또 때론 작은 성취에 신이 나 왕이라도 된 것처럼 의기양양해지기도 한다. 이 시기 양육자는 안전지대의 역할을 해주게 된다. 세상을 탐색하는 아이의 호기심을 격려해주는 동시에 언제든지 돌아와 안전하게 쉴 수 있는 공간이 되어주는 것이다.

아이들은 든든하게 나를 기다리고 기꺼이 손 내밀어주는 누군가 가 있어서 넘어져도 잘 일어날 수 있고 더 마음껏 도전해볼 수 있다. 친구들이 놀리고 따돌려도 '넌 참 괜찮은 아이'라고 안아주는 엄마가 있을 때 아이는 다시 힘을 낸다. 겁 없이 뛰다 다쳐도 상처를 치료해주고 위로해주는 아빠가 있어서 또다시 뛰어오를 수 있다. 이 시기 아이의 성장을 위해 중요한 것은 스스로 좌절하고 일어설 수 있는 기회가 주어지는 것이다. 세상을 적극적으로 탐색하고 나도 무언가를 해볼 수 있다는 자신감을 키워나가려면 그저 묵묵히 기다려주고 필요할 때 도움을 주는 든든한 대상이 필요하다.

이 시기 부모의 과잉보호는 의존적 성격의 배경이 될 수 있다. 부모의 과잉보호는 여러 가지 이유에서 발생한다. 아이가 태어날 때 유독 약했거나 만성적인 신체 질병을 앓았을 경우 일반적인 부모라고 해도 어느 정도는 과잉보호를 하게 된다. 다른 경우는 부모의 성격으로 인한 과잉보호이다. 부모 자신이 걱정과 불안이 많은 사람이라면 더 많이 아이에게 간섭하게 되고 아이의 자율성은 자랄 수 없다. 스스로 해봐야 자신감을 갖게 되고 작은 성취의 경험들로 아이는 더 단단해질 수 있다.

반면 자존감이 낮은 아이들은 스스로를 쓸모없는 존재로 여긴다. 그런데 그 배경에는 자신의 불안과 걱정으로 인해 아이를 통제하는 부모가 있을 수 있다. 한편, 부모가 무의식적으로 아이에게 죄책감을 느끼는 경우에도, 아이들을 과잉보호할 수 있다<의존성 성격장애와 회피성 성격장애, 민병배, 남기숙 지음, 학지사>. 아이에게 미안한 마음을 과도한 보호와 통제로 표현하는 것인데, 심리학에서는 이를 '반동형성'이라고 한다. 즉, 억압된 감정이나 욕구가 행동으로 드러나지 않도록 그것과 정반대의 행동으로 바꾸어 표현하는 것을 말한다. 이때 아이의 의존과 복종도 공격성을 숨기고 있을 수 있다. 부부관계에서 남편에게 지나치게 의존하고 있는 경우, 그 이면에 남편에 대한 적대감을 갖고 있는 경우가 이에 속한다.

: 사춘기: 의존에서 독립으로 이행하기 위한 준비단계 :

아동기를 지나 사춘기가 찾아오면 부모는 긴장한다. 아이의 반항을 어떻게 다룰 것인지 고민이 시작되는 것이다. 통제하고 억압하려고 하면 더 튕겨 나갈 것 같고 그대로 수용하자니 올바른 훈육이 이루어 질 것 같지 않아 조바심을 내게 된다. 이때 사춘기의 반항이 어떤 의미인지 알고 있다면 도움이 된다. 반항은 결국 상대방과 다른 내 마음을 표현하는 것이다. 즉, 자기주장성의 표현일 수 있다. 물론 부모에 대한 분노로 비뚤어지는 경우도 있지만 이마저 부모와 다른 나를 인정해달라고 시위를 하는 것이라면 어떨까? 사춘기에 반항이 없는 아이는 자기주장성을 키우지 못했거나 부모의 반응이 무서워 숨기고 있는 경우일 것이다. 반항을 숨기고 있다면 다른 방식으로, 혹은 더 나이가 들어서 이를 드러낼 수 있다.

아이가 자기주장성을 키우지 못했다면 의존성이 강화되어 독립으로 이행하는 정상적인 발달과정에 걸림돌이 될 수 있다. 따라서 사춘기에 부모에게 반항하지 못하도록 통제를 더욱 강화하게 된다면 성인이 되어서도 끊임없이 부모에게 의존하게 되는 상황이 벌어질 수 있다. 이런 경우 대부분은 성인이 돼서 홀로 결정하고 책임져야 하는 일들과 싸우며 부모를 원망하게 된다. 나를 언제까지나 지켜줄 것도 아니면서 무책임하게 의존성을 키웠던 부모를 탓하게 되는 것이다. 때론 부모와 비슷한 대상을 찾아 결혼하고 또 다른 의존을 시작하게 될지도 모른다. 그러나 어떤 사람도 부모가 되어줄 수는 없다. 성인이 된 우리는 서로 의존할 수는 있지만 일방적으로 의존하고 기대려 한다면 그 관계는 오래 지속되지 않는다. 오래 지속된다면 건강한 관계가 아닐 확률이 높다.

사춘기에도 반항 한 번 하지 않고 늘 착한 딸이었던 지영 씨는 결혼할 나이가 되면서 부모님과의 다툼이 생겼다. 남자친구를 데려갈 때마다 다양한 이유를 대며 못마땅해하던 어머니는 지영 씨의 결혼 자체를 반대하는 것처럼 보였다. 주변 친구들이 하나둘씩 결혼을 하고 혼자 외롭게 남겨진 지영 씨는 이번에 사귀는 남자친구만큼은 놓치고 싶지 않았다. 결국 부모님의 반대를 무릅쓰고 결혼식을 올렸다. 문제는 결혼 후 지영 씨를 대하는 남편의 태도였다. 늘 그녀를 보살펴 주던 그가 폭력적으로 변한 것이다. 연애할 때도 종종 싸움이 커질 때 다른 사람이 된 것처럼 화부터 내는 남자친구가 무섭기도 했었다. 그러나 싸움이 끝나면 곧바로 사과하고 부드러워져 지영 씨는 안도했었다. 결혼을 하고 함께 있는 시간이 많아지면서, 서로 의견을 조율하고 결정해야 하는 것들이 많아졌다. 그럴 때마다 남편은 더 자주 화를 내고 심한 말을 퍼부었다. 그 순간 벗어나고 싶고 때론 죽고 싶은 마음도 들었지만 싸움이 끝나고 정상으로 돌아온 남편의 품은 마치 마약 같았다. 지영 씨는 점점 갈등을 만들지 않으려고 애썼으며 그만큼 참고 견디는 시간이 늘어갔다. 남편의 말을 그대로 따르면 남편이 화를 내는 일도 별로 없고 언제나 의존할 수 있는 버팀목이 되어줄 것 같았다. 그리고 그렇게 참는 만큼 무기력해졌고 우울했으며 삶에서 아무런 행복감도 느낄 수 없었다. 지영 씨는 의존을 위해 다른 욕구들을 희생시키자 점점 더 불행해졌다.

: 의존의 대상이 필요하다면? :

비교적 건강한 발달단계를 거쳐 성장한 성인들도 위기의 순간이 찾아

오면 흔들리기 마련이다. 삶에서 위기는 예기치 못하게 또 한꺼번에 들이닥친다. 수차례 취업에 실패하며 연인과 이별하는 경우 두 가지의 상실을 경험해야 하며, 아이를 낳는 기쁨과 동시에 부모님의 사망으로 이별의 슬픔을 견뎌야 하기도 한다. 직장에서 승진이 누락되고 갑작스런 발령에 업무량까지 늘어나는 난제를 풀어야 할 때, 아이가 아프고 지친 아내를 달래주어야 하는 역할까지 겹친다면 어떨까.

아무리 독립적인 사람이라고 해도 의지할 곳이 필요하며 그래야 마땅하다. 이때의 의존은 생존을 위해 상대를 전혀 배려하지 않고 달려드는 아기의 그것과는 다를 것이다. 상대를 배려하고 존중하는 가운데 의존할 수 있고, 상처받고 아프지만 작은 위로의 말로도 힘을 낼 수 있다면 어른이 된 우리도 건강한 의존 대상을 찾을 수 있다. 그렇다면 심리학 이론에서는 어떻게 이를 설명하고 있을까? 다음 장부터는 성인이 된 후 자기를 잃지 않으며 잘 의존하는 것이 어떤 것인지, 왜 중요한지에 대해 알아볼 것이다.

성인이 되어도
엄마가 필요하다

가끔은 너무 아기 같은 마음이 돼서 스스로가 놀랄 때가 있다. 따뜻한 품이, 내 손을 꼭 잡아주는 손길이, 그냥 엎어져서 엉엉 울 수 있는 누군가가 그리운 것이다. 그러나 이미 어른이 된 우리는 다쳤다고 쪼르르 엄마 품에 달려갈 수가 없다. 아픈 기억이 떠올라 슬프다며 붙잡고 털어놓을 수도 없다. 더구나 그 아픔 안에 엄마가 있다면 그저 받아줄 리 없으니 안 될 일이다. 이때 곁에 있는 사람이 나를 꼭 안아준다면 얼마나 큰 위로가 될까. 그게 어려운 사람들은 무언가 다른 대상을 찾

기도 한다. 향이 좋은 커피에, 달콤한 케이크 한 조각에, 내 한을 풀어
줄 것만 같은 담배 연기와 기분 좋은 술기운에 말이다.

어른이라 할지라도 의존이 절실한 순간들이 있다. 다행히 대부분
의 성인들은 그 순간을 잘 넘기면 더 단단해진다. 나를 안아주는 그
의 소중함을 알고 고마워할 줄 알며 상대방이 힘들 때 기꺼이 의존할
대상이 되어줄 수 있다. 내가 받았던 그대로 위로해주고 힘이 되어줄
수 있다. 이것이 잘 이루어지려면 서로의 마음을 내 마음처럼 잘 알아
차릴 수 있어야 한다. 그만큼 오랫동안 서로에 대해 알고 있는 관계일
수 있고 때론 쌍둥이처럼 마음이 닮은 상대일 수도 있다. 이렇게 마음
이 잘 맞는 사람과는 상대를 위로하는 것이 나를 위로하는 것이 되기
도 한다. 어쩌면 삶은, 내 마음을 알아주는 사람들에게 기대어 한고비
한고비를 넘기는 수행의 과정인지도 모르겠다.

: **자기대상(selfobject)이란 무엇일까?** :

자기심리학의 창시자 코헛(Kohut)은 아기가 신체적으로 생존하기 위
해서 적정한 용량의 산소가 포함된 환경에 태어나듯이, 정신적으로
생존하기 위해서 공감적이고 반응적인 인간 환경 속에서 태어나야 한

다고 말한다<쉽게 쓴 자기심리학, 최영민 저, 학지사>. 이 같은 심리적 기능을 수행하는 양육자를 가리켜 '자기-대상(self-object)'으로 정의했는데, 이후 코헛은 '기능을 제공하는 대상이 자기와 별개의 대상으로 경험되지 않는다'라는 이유로 가운데 하이픈을 뺐다. 아기의 소망을 충족시켜주는 양육자의 반응이 내 안에서 이루어지는 것처럼 분리되지 않은 채 경험된다는 것이다.

아기와 상호작용하는 엄마(양육자)의 정서 상태는 아이에게 그대로 전달돼 건강한 자기를 형성하는 데 중요한 역할을 하게 된다. 칭찬해주는, 토닥여주는, 함께 있다고 확인시켜주는 자기대상의 반응은 좌절을 이겨낼 힘이 되고 건강한 어른으로 자랄 수 있게 돕는다. 더불어 코헛은 자기대상 관계가 어린 시절뿐만 아니라 일생 동안 꼭 필요하다고 강조했다. 다만 성인이 된 자기(self)는 초기 단계에서의 그것과는 다른 욕구를 갖고 있을 것이다. 아기가 필요로 하는 엄마의 젖가슴은 생존의 욕구에 가깝지만 성인의 그것은 사랑의 욕구 그 이상이 아닌 것이 자연스럽다.

아기는 작은 성과에도 칭찬을 바라며 인정받은 후에야 안심한다. 반면 다 큰 성인은 매순간 칭찬을 필요로 하는 것은 아니다. 그럼에도 불구하고 일생 동안 자기대상이 필요하다는 코헛의 주장은 우리를 안

심시킨다. 내가 소망하는 어떤 것을 누군가 대신해주고 거울처럼 비춰줄 수 있다니, 아니 그런 누군가를 원해도 괜찮다니! 한결 마음이 놓인다. 불안하고 험난한 세상을 살아가는 데에 덜 외롭고 조금 더 힘을 낼 수 있을 것만 같다.

: 어떤 짝을 찾아야 할까? :

상담실을 찾는 수많은 성인들이 좋은 짝을 찾기 위해 애를 쓴다. 때로는 점을 보러 온 것처럼 '이 사람과 잘 맞겠냐'고 묻는다. 그리고 간혹 대학 상담실에서는 이런 이들의 마음을 간파해 사기(?)도 친다. 성격 검사 결과를 통해 커플의 궁합을 봐준다는 '성격궁합행사' 같은 것 말이다. 보통 잘 알려진 MBTI 성격유형검사를 활용하는데 이는 사기이기도 하고 아니기도 하다. MBTI는 성격을 16가지로 구분하여 내 유형을 찾는 검사로, 우리가 서로 다른 이유는 태어날 때부터 '좋아하는 것(선호경향성)이 달라서'라고 말한다. 분석심리학의 창시자 융(C.G. Jung)이 만든 '심리유형론'을 바탕으로 만들어진 이 검사는 태도, 인식, 판단, 생활양식의 네 가지 축에 따른 상반된 두 가지 기질들을 설명하고 16개의 조합 중 나의 성향을 알아볼 수 있다.

심리학자의 이론을 토대로 만들어진, 오랜 세월 세계적으로 통용되는 검사를 근거로 '궁합'을 보는 것이니 완전히 사기라고 할 순 없겠다. 동시에 모든 커플에게 '궁합이 맞고 안 맞고는 서로의 노력에 달려 있다'라고 말하니 조금 허탈할 수도 있겠다. 즉, 비슷한 유형이든 완전히 다른 유형이든 그것에 대한 충분한 이해와 공감이 있느냐 없느냐에 따라 갈등을 해결할 수 있을지 아닐지가 결정된다. 때론 갈등을 미리 감지하고 피해갈 수 있는가 하면 미리 감지한 그 갈등상황이 너무 싫어서 더 싸우게 될 수도 있다. 역시 마음먹기에 달렸으니 '제발 어떻게 좀 해달라'고 점을 보는 이들은 사기당한 기분이 들기도 할 것이다.

필자가 모 대학교 축제 때 성격궁합행사를 하며 만난 인상적인 두 커플이 기억난다. 지나가는 캠퍼스 커플을 붙잡고 상담실로 안내해 검사를 시킨 후 바로 채점해서 상담을 해주는 방식이었다. 한 커플은 이제 막 연애를 시작한 것처럼 풋풋해 보였다. 그들 앞에 앉아 있는 나도 괜히 설레는 것 같았다. 그리고 받아든 결과지는 정반대 유형이었다. 역시 서로 다른 사람끼리 끌리는 건가 싶었다. 그런데 해석을 시작하면서부터 묘한 긴장감이 흘렀다. 일 년쯤 사귄 그들은 같은 일로 자주 다투고 또 화해하며 조금 지친것도 같았다. 다행히 검사 결과를 통해 서로의 다름을 확인할 수 있었고 모르고 싸우는 것보다는 알고 싸우는 게 낫겠다며 씁쓸하게 웃었다.

나는 재빨리 그래도 서로가 끌렸던 면을 강조하기 시작했다. 내가 없는 강점을 그가 갖고 있으니 얼마나 매력적인가. 처음엔 좋아서 반했던 것이 내가 제일 싫어하는 것이 된다는 연애의 진리를 수용해야 한다고 말했다. 갈등이 나쁜 것이 아니라 잘 해결하면 그것만큼 관계를 돈독히 하는 것이 없다며 마무리를 했는데 왠지 좀 기운이 빠졌다. 둘이 좀 덜 싸우게 되기를 바랐던 것 같다. 검사를 통해 이해했으니 서로의 삶의 방식을 좀 더 존중해주길 바랐다. 나의 생각과 그의 생각을 그대로 합해서 두 개의 생각을 품을 수 있다면 그들이 공유할 수 있는 세상은 더 넓어질 것이라 기대하면서 말이다.

그 후 만난 같은 유형의 커플은 비교가 돼서인지 더 흥미로웠다. 입학했을 때부터 졸업할 때가 다된 시점까지 사귀고 있다는 두 사람은 마치 한 십 년은 산 부부 같았다. 워낙 둘의 성격유형이 감정을 공유하고 상호작용하는 것보다는 현실적으로 도움이 되고, 맡은 역할을 충실히 하면서 성취감을 느끼는 편이라 그런지 함께 하는 일은 별로 없었다. 그럼에도 불구하고 안정적이었고, 각자의 삶에 대해 만족하는 만큼 관계도 잘 유지하고 있었다. 때로 너무 비슷해서 좀 지루하다고도 했다. 그들의 과제는 서로를 낯설게 바라보는 것이었다.

아무리 비슷한 점이 많다고 해도 세상에 나와 똑같은 사람은 아무도 없다. 그렇다면 나와 전반적으로 비슷하지만 나와 다른 어떤 것을, 스스로 찾을 수 없는 어떤 것을 나와 닮은 누군가가 발견해 반영해준 다면 어떨까? 안정감 속에서 새로운 도전을 해볼 힘을 얻을 수 있을 것이다. 그리고 그 힘으로 함께 더 넓은 세상으로 나아가볼 수 있을 것이다.

: 나를 잃지 않으면서 그와 함께 살아가기 :

결국 환상의 커플에 대한 답은 없다. 모르긴 해도 사주로 맞추는 궁합 도 마찬가지일 것이다. 해석하기 나름이고 노력하기 나름이다. 그래 도 여전히 너무 애써야 하는 커플보다는 좀 더 자연스럽게 조율할 수 있는 상대가 더 나은 것 같다. 첫눈에 반한 것보다는 서서히 그를 알 아갈수록 사랑하게 되는 사이가 더 좋은 것 같다. 우리는 강렬한 자극 에 끌리지만 대부분의 강렬함은 위험하다. 강렬함 언저리에 있는 다 양한 감각들이 마비되기 때문이다. 살아가면서 정말 좋은 경험은 짜 릿한 한순간이 아니라 온전히 편안하게 즐길 수 있는 일상의 시간들 이다. 짜릿한 한순간을 위해 일상을 지옥처럼 견뎌야 한다면 과연 행 복할까? 일주일의 여름휴가를 위해 일 년을 죽은 듯이 지내야 한다면 그만큼 허무한 일이 어디 있겠는가.

그렇다면 나의 짝꿍은, 어떤 기준으로 만나야 할까? 서서히 알아가며 조율한다고 할 때, 어떤 측면을 맞춰보는 것이 좋을까? 앞서 말한 자기대상은, 죽을 때까지 단 한 명일 리 없고, 우리는 순간순간 어쩌면 수많은 자기대상들로 인해 힘을 얻을 수 있다. 그래도 이왕이면 그 중 한 명은 내 짝꿍이라면 좋겠다. 때론 엄마처럼 나를 안아줄 수 있고 아무런 사심 없이 나를 칭찬해줄 수 있는 사람, 내가 길을 잃고 헤맬 때 의지할 수 있는 든든한 사람, 그리고 나의 도움도 기꺼이 받아줄 수 있는 겸손한 사람 말이다. 이렇게 서로 의지할 수 있으려면 서로의 마음이 잘 연결될 수 있어야 한다. 매순간 원하는 것이 같을 순 없겠지만, 삶에서 중요하게 생각하는 욕구의 우선순위가 비슷하면 좋을 것이다.

말하지 않아도 알아주는 사람은 없다지만 그 순간 왜 그런 행동을 했는지, 그 상황만 설명해도 이해하며 고개를 끄덕일 수 있는 사람이 있고 아닌 사람이 있다. 이는 같은 상황에서 느끼는 것이 서로 다르고 그 이면에는 서로 다른 욕구가 존재하기 때문이다. 예를 들어, 간만에 긴 휴가가 생겨 여행계획을 세운다고 하자. 평소 낯선 나라에서 새로운 경험을 해보고 싶은 A는 다소 무리해서 일정을 짜고 있다. 이때 안전에 대한 욕구가 큰 A의 남편은 굳이 왜 그 먼 나라에 가서 고생을 사서 하는지를 따져 묻는다. 이때 A는 남편을 설득해볼 수 있다. 혹은 위험을 피하려는 남편의 욕구에 맞춰 양보할 수도 있다. 그럼에도 불구하고 그녀는 '함께 손뼉 치며 갈 수 있다면' 하며 내심 아쉬워할 것이다.

: 그 모든 것을 뛰어넘는 좋은 사람 :

최근 새 음반을 내고 활동을 재개한 가수 이효리는 〈효리네 민박〉이라는 프로그램에서 자신의 일상을 과감하게 보여주었다. TV로 소개되는 이효리의 삶은 바쁜 현대인들이 꿈만 꾸는 이상적인 면이 있다. 그리고 무엇보다 이효리와 이상순 두 부부의 관계가 부럽다. 이효리는 결혼 전, 본인이 바람을 피우게 될까 봐 두려웠다고 한다. 그러나 6년 동안 단 한 번도 그런 생각을 해본 적이 없다고 말한다. 그 모든 것을 뛰어넘는 좋은 사람, 그런 사람은 반드시 있다고도 한다.

모르긴 해도 그 둘은 서로에게 참 좋은 자기대상이 되어주고 있는 것 같다. 서로에게 맞추느라 너무 애쓰지 않고 각자의 색깔을 유지한 채로 함께 성장할 수 있는 관계, 때론 쌍둥이처럼 서로에게 거울이 되어주고 또 때론 안정감을 바탕으로 이상적인 방향을 제시해줄 수도 있는 사람 말이다. 그녀는 그런 사람을 찾기 위한 정답도 말해준다.

'내가 좋은 사람이 되려고 노력했더니 좋은 사람을 만나게 되었다'라는 말. '좋은 의존을 위해 먼저 해야 할 일은 바로 나 자신을 돌아보는, 돌보는 것'이라는 말, 어쩌면 이 책의 핵심이기도 하다. 그렇다면 어떻게 나 자신을 돌아보고 돌볼 수 있을지 다음 장에서 살펴보도록 하자.

상담심리학에서 말하는
건강한 의존이란?

상담은 내담자(client, 상담을 받으러 오는 사람)가 상담자를 만나 그 누구에게도 하지 못했던 비밀스러운 이야기를 털어놓고 그럼에도 불구하고 더 단단해지는 경험을 통해 새로운 관계에 대한 희망을 찾는 과정이다. 여기서 핵심은 어떤 두려움으로 인해 혼자 간직하던 이야기를 털어 놓는다는 것이다. 그리고 그 이면에는 '신뢰'와 '의존'이 필요하다. 이런 과감한 시도를 통해 스스로를 알아가고, 힘들었던 자신을 공감하게 되며 그 과정을 도와준 상담자의 존재를 인식하게 된다. 관계에 대한 두려움은 상담자와 경험한 친밀감을 통해 조금씩 사라지고 다른 관계에서도 더 용감해지는 계기가 된다. 그런 의미에서 상담실은 실험실과도 같다. 상담의 성공은 건강한 의존을 통한 독립에 있으니 의존과 독립의 실험이기도 하다. 힘든 고비를 잘 넘겨 이제 혼자서도 버텨낼 수 있을 때 상담은 마무리된다.

: 한계를 두고 의존하기 :

상담관계가 '실험의 장'이라고 한다면, 의존적인 성격 혹은 과도한 의존의 양상은 상담 장면에서 어떻게 드러날까? 그 패턴을 알 수 있다면 일반적인 대인관계에서 보일 수 있는 문제점도 짚어볼 수 있을 것이다. 더불어 개선의 여지도 찾아볼 수 있다. 심리상담이 한 번에 끝나는 경우는 드물다. 보통 첫 회 면담에서 현재 처한 상황을 들여다보고 대강의 치료계획을 세운 후 상담을 몇 회기쯤 진행할 건지 합의한다. 필자는 보통 5~10회로 제안하는데 상황적인 스트레스로 잠시 위축된 경우라면 1, 2회 정도로도 힘을 얻고 일어난다. (물론 전문가에게 상담을 받기로 결정하는 것은 쉽지 않기 때문에 이런 경우는 흔치 않다.) 반면 성격적인 문제로 반복적인 갈등상황에 부딪치는 경우라면 최소한 20회 이상은 해야 길이 보이고, 1년 이상 장기로 상담을 받기도 한다.

여기서 주의해야 할 점은 각기 처한 문제 혹은 성격특성에 따라 회기를 정하는 것부터 치료의 일부가 될 수 있다는 것이다. 그리고 의존적인 성향의 사람들은 종결의 시점을 정하는 것이 매우 어렵다. 기본적으로 안전하다는 생각이 들면 계속 의존하고 싶어 해서, 상담자의 어떤 개입이 도움이 되었다면 앞으로 올 또 다른 상황에서 도움을 받아야 하므로 종결의 시점을 미루기도 한다.

때론 상담의 종결이 두려워 문제를 만들어오는 경우도 있다. 이때 상담자가 정신을 바짝 차리지 않으면 문제는 더욱 깊어질 수 있다. 누군가 나를 전적으로 신뢰하고 의존하고자 할 때, 유능감을 느끼고 스스로 대단한 존재가 된 것만 같은 착각에 빠질 수 있기 때문이다. 상담자 역시 유혹에 넘어가지 않고 지나친 의존의 양상을 파악할 수 있어야 한다. 그래야 내담자는 '끊임없는 의존'의 굴레에서 벗어나 성장의 목표를 달성할 수 있다.

즉, 첫 번째 과제는 '한계 안에서 의존하는 방법'을 배우는 것이다. 이를 위해 다른 어떤 내담자와의 관계에서보다 '회기 정하기'가 중요해진다. 열 번이건 스무 번이건 일단 정한 회기 안에서 마무리한 후 추후에 다시 신청할 수 있다는 것을 안내한다. 끝나는 시점이 명료하고 그것이 규칙이라면, 어떻게든 그 안에서 홀로서기를 위한 준비를 해볼 수 있다. 연인과의 이별도 기한이 정해져 있다면 어떨까. 언제 헤어질지 몰라 조바심 났던 이들은 보장된 기간 내에서 충분히 사랑할 수 있을지도 모른다. 영원할 것만 같은 시간들이라 지루하게 느껴졌던 커플이었다면 더 의미 있는 시간을 보낼 수 있을지도 모른다. 그리고 때론 마음의 준비를 하면서 상처를 덜 받을 수도 있을 것이다. 상처를 최소화하고 스스로를 보호하기 위해 노력하는 과정은 나를 더 강하게 만드는 계기가 되어주기도 한다. 물론 어떤 것도 지나친 것은 병이 되지만 말이다.

: 괜찮지 않은 나를 알아차리기 :

의존하고자 하는 욕구가 큰 사람들은 그 순간 버림받지 않기 위해 모든 걸 포기하는 것 같다. 상대가 모진 말을 해도 괜찮고 내가 원하는 것을 모두 거절해도 괜찮다. 심지어 내가 원하는 것이 없는 사람인 것처럼 대해도 그게 정말 옳은 것 같다. 그저 곁에만 있어준다면 날 보호해줄 수 있다면 내 의견쯤은 무시당해도 상관없다는 식이다.

그러나 잘 들여다보면 그들은 결코 괜찮지 않다. 돌아서서 자괴감에 빠지고 뒤늦게 올라온 화를 꾹꾹 눌러 삼키느라 애를 먹는다. 때론 수동적으로 공격하기도 하지만 그런 태도는 상대를 더 화나게 만들고 또 한 번 매를 맞게 되는 식이라 그저 화가 나지 않았다고 마음을 다 잡는다.

모든 인간은 생각하고 느낄 수 있다. 자기주장이 없는 것이 아니라 표현을 안 하는 것일 뿐이다. 내가 선호하는 게 없는 것이 아니라 상대방을 배려하느라 혹은 눈치를 살피느라 미뤄두는 것뿐이다. 때론 이런 태도가 미덕이 되고 또 꼭 필요하기도 하다. 배려는 인간이 가진 귀한 덕목 중 하나이기 때문이다. 다만 모든 상황에서 묻지도 따지지도 않고 배려부터 하는 것이 문제이다. 소외되지 않기 위해 매번 자기주장을 굽힌다면 그게 문제인 것이다. 우리는 각각의 상황에서 달리 행동할 수 있어야 한다. 그러려면 우선 어떠한 상황에서는 분명히 '내가 괜찮지 않다'는 것을 잘 알아차려야 한다.

스무 살 때 알고 지낸 한 친구는 위험한 연애에 빠져 있었다. 고등학교 시절 한창 외롭고 힘든 시기에 의지가 됐던 남자와 계속 관계를 이어가고 있었는데 친구의 입장에서 제발 그만 만나라고 말리고 싶었다. 나이 차이도 별로 안 나는 그는 마치 딸을 대하듯 친구의 보호자를 자처했는데 그만큼 간섭도 심했다. 여전히 그녀가 고등학생인 줄 아는 것 같았다. 매사에 본인의 허락 없는 결정은 하지 못하도록 강요했다. 새로운 사람들을 만나는 것도 싫어했고 심지어 먹는 것, 입는 것까지 규제하고 통제하려 들었다. 그런데 더 이상한 것은 그의 통제에 너무 순순히 따르는 친구의 태도였다. 힘들다고 하소연이라도 하면 잘됐다 싶어 적극적으로 말릴 텐데, 조심스럽게 그 사람을 왜 만나냐고 물어도 그저 웃기만 하니 더 이상 할 말이 없었다. 그리고 시간이 지나, 다행히 그녀는 다른 남자를 만났고 그와 힘들게 관계를 끊을 수 있었다. 그제야 그녀는 정신을 차린 것처럼 말했다. 자기가 생각해도 이전의 연애는 너무 이상했다고, 새로운 남자를 만나 보니 뭐가 이상한지 잘 알겠는데 그전에는 비교대상이 없어서 그랬었던 것 같기도 하다고 말했다. '난 정말 괜찮지 않았는데 그땐 그걸 몰랐다'고 말하는 그녀의 모습이 안타까웠지만, 한편으로는 다행스럽기도 했다. 변화는 괜찮지 않다는 것을 아는 것부터 시작된다. 그 순간은 괴롭지만 인정하고 나면 변할 수 있다. 상담에서는 이렇게 가려지고 무시된 욕구들을 찾아주며 지금 이 상태가 결코 괜찮을 수 없다는 것을 스스로 알아차리도록 돕는다.

: 모든 문제 해결은 상담자의 몫일까? :

의존적 성향의 내담자들이 상담자를 전적으로 의지할 때, 상담자는 유능감이 생기기도 하지만 동시에 무력감을 느끼기도 한다. 그들은 의존할 대상이 절실할 때, 크고 작은 당면 문제들 앞에서 어쩔 줄 모를 때 상담자에게 더 매달린다. 그리고 그런 필요가 충족되면 상담자는 종결하지 않은 채로 한참 동안 약속을 미루거나 취소한다. 물론 상담자는 어려운 상황에서 도움을 주는 사람이지만, 또 하나의 관계라는 걸 잊은 것 같아 섭섭해진다.

이 같은 기분이 드는 것을 정신분석적 심리치료에서는 '투사적 동일시'라고 말한다. 이는 내담자가 중요한 대상과의 관계에서 느낄 법한 감정을 상담자가 대신 경험하는 것을 말한다. 어쩌면 내담자는 자신이 쓸모없는 존재라고 느끼며 일방통행인 관계에서 속수무책인 채로 무력감을 느끼는지도 모른다. 그런 면에서 내담자를 더 깊이 공감할 수 있는 기회가 될 수도 있다. 그렇다면 그 어느 때보다 생생하게 상처받은 마음에 다가가는 계기가 될 수도 있겠다. 그리고 동시에, 상담자가 좋은 모델이 되어주어야 한다. 좋은 관계에서도 거절할 수 있고 주장할 수 있다는 것을 보여주는 것이다. 더불어 '나의 문제는 내 스스로 충분히 해결할 수 있다'는 것을 전해줄 수 있다. 어느 누구도 자신의 문제를 대신해줄 수 없고 책임져줄 수 없다.

한때 자주 가던 미용실에서 상담사와 미용사의 공통점을 생각하게 된 적이 있다. 처음 그 곳을 방문했을 때 내 머리를 담당했던 미용사는 말수가 적은 편이었지만 내 의견을 묻는 것에 대해선 매우 적극적이었다. 그때만 해도 내게 어울리는 스타일이 뭔지 잘 몰랐던 나는 내가 뭘 원하는지 묻는 질문들이 부담스러웠다. "앞머리를 자를까요?", "얼마만큼 자를까요?", "머리 길이는 이 정도면 되겠어요?" 등등 질문을 받을 때마다 나는 초조해졌다. 그렇게 완성된 머리에 대한 책임은 내게 있었다. 매번 조금 투덜대며 나왔는데 그래도 결국 맘에 들었던지 나는 꽤 오랫동안 단골 미용실로 그곳을 찾았다. 그리고 어느 날엔 내 머리를 담당하던 미용사가 그만두었다며 다른 미용사에게 내 머리를 맡기게 됐다. 그야말로 전적으로 맡겼다.

그녀는 말이 많았지만 내 의견을 듣지 않았고 최신 유행이라며 앞머리 숱을 많이 내고 염색을 권하는 등 본인의 주관을 마음껏 발휘하였다. 그 덕에 나는 편안히 앉아 신선한 경험에 조금 신이 나기도 했다. 내가 결정할 게 없으니 참 편했다. '난 왜 요즘 유행도 몰랐을까' 자책하기도 했지만 책임에서 벗어나는 일은 날 자유롭게 했다. 그 순간만큼은. 그런데 머리를 하고 돌아온 후 거울 앞에 있는 내 모습은 너무 낯설었다. 평소 내가 잘 관리할 수 있는 그런 머리가 아니었고 숱이 많은 앞머리는 영 어울리지 않았다. 그 후 나는 그 미용실에 가지 않았다. 불만이 생기니 다시 가기가 불편했던 것이다.

내가 결정한 것이 아니니 모든 책임은 미용사에게 있었고 그녀에게 화가 났다. 순간 나는, 내가 어떤 상담사인지 돌아보게 되었다. 내게 의존하는 내담자의 태도에 으쓱해져 그가 정말 원하는 것을 찾는 데에 소홀했던 일은 없었을까? 뭐든지 척척 해결해주는 상담사가 과연 좋은 상담사인가? 이전에 내 머리를 해주었던 미용사가 내게 질문을 했을 때, 초조함을 견디며 내가 원하는 걸 생각해보며 멈췄던 시간이 얼마나 소중한 경험이었던가.

: 건강한 의존이란? :

결국 건강한 의존이란, 스스로 독립하는 과정에서 필요한 지지대 같은 것이다. 전적으로 상대에게 의존해서 내가 가진 도구들(팔과 다리 같은 신체적인 것부터 정신적인 나의 의지까지)을 무력화시킨다면 그것만큼 위험한 관계는 없을 것이다. 나를 가장 잘 아는 사람도 '나'이고 나와 영원히 함께 하는 이도 '나'다. 이런 나를 무시한 채 힘 있는 혹은 힘 있어 보이는 누군가에게 나를 맡긴다면 그로 인한 부작용은 모두 내 몫이 된다. 한계 안에서 의존을 통해 힘을 기를 수 있고, 지금 내가 어떤 경험을 하고 있는지, 괜찮은지 아닌지를 잘 알아차린 후 그에 맞는 선택을 할 수 있어야 한다. 그리고 내 스스로 할 수 있는 것은 해보

면서 성취감을 얻을 수 있어야 한다. 다음 파트에서는 실전에서 이를

어떻게 도전할 수 있는지 알아보자.

: 제

3

장 :

'나와 타인 사이', 남이 아닌 나와 더 잘 지내는 연습

결정장애,
'완벽한 선택'이 존재할까?

전날 밤 회식자리에서 술을 많이 마신 진수 씨는 새벽에 무척 힘들게 일어나 출근 준비를 하고 집을 나섰다. 평소보다 일찍 가야 하는 날이 기도 했고 몸도 피곤했다. '택시를 탈까 말까' 생각하면서 빈 택시를 두 대쯤 보내버렸다. 시간이 가자 초조해진 그는 드디어 결심을 했고 택시를 잡으려 하는 순간 버스가 오는 것을 보고 말았다. 다시 마음이 흔들려 저 버스를 타고 정류장마다 서며 회사까지 걸릴 시간과 택시를 기다린 후 타고 곧장 달려갈 시간을 계산하기 시작했다. 그러나 변

수가 있었다. 택시가 제때에 오지 않는다면? '에라 모르겠다' 주저하
던 그는 버스를 탔다. 그리고 말한다.

"결정이 늦어서 문제지!"

그는 숙취에 고생하는 와중에도 합리적인 선택을 위해 머리를 굴
렸을 거다. 되도록 나에게 이득이 되는 선택을 위해, 덜 아쉽기 위해
고민을 시작했지만 마음을 정한 순간 또 다른 변수가 생길지는 예상
하지 못한 것이다. 결국 사소한 일로 아침부터 스스로를 비난하며 시
작하게 된다. 누군가가 대신 결정해줬다면 나았을까?

: 선택은 하나의 과정이다 :

우리는 하루에도 수십 번씩 사소한 것부터 중요한 일까지 선택하고
책임져야 한다. 그러나 이 말을 들으면 갑자기 마음이 무거워진다. 말
하나 행동 하나 내가 저지른 일을 책임져야 한다고 생각하면 그 중압
감이 너무 커서 무언가 시작해볼 의욕이 사라질지도 모르겠다.

이런 부담감에 대해 생각해본 적이 있었다. 공부를 마치고 인턴

상담사로 일하면서 나의 문제들이 하나둘씩 건드려지기 시작했고 경력이 많은 선생님을 찾아가 상담을 받기 시작했다.(대부분의 상담사들은 본인도 상담을 받는다. 상담사 스스로가 도구가 되어야 하는 직업이기 때문에 나의 문제를 잘 알고 있어야 상담을 잘 할 수 있기 때문이다.) 그리고 그 과정은 결코 쉽지 않았다. 내가 힘들어서 도움을 받고자 찾아갔는데도 평가받는 기분이 들면 무슨 말을 꺼내기조차 힘들었다. 때론 혼난 기분이 들고 또 어떤 날엔 지적을 피하려다 아무 말도 못하고 돌아온 것에 대해 상담 비용이 아까워 속이 상하기도 했다.

그러던 중, 나의 상담 선생님을 추천해주신 교수님을 우연히 만나 이야기를 나누게 되었다. 나에 관한 이야기인데도 말하고 나면 그게 아닌 것 같고 진심을 전달하지 못해 억울하기도 해서 말을 꺼내기가 참 힘들다고 토로했다. 그때 교수님이 내게 하신 말씀이 뇌리에 콕 박혔다.

"그럼 말하고 나서 취소하면 되잖아."

아! 말하고 취소하기! 난 왜 그 생각을 못했을까? 어쩌다 말했는데 생각해보니 그게 아니었다고 '다시 말하기'를 하면 될 것을. 왜 말도 못 꺼내고 그 많은 돈과 시간을 투자하면서 본전을 못 건지고 있는 거지? 별것 아닌 것 같은 그 한 마디가 이토록 큰 깨달음으로 남은 걸 보니, 그동안 큰 짐을 안고 살았었나 싶다.

물론 경솔하게 막말을 일삼는 행위를 정당화하는 것은 아니다. 일단 화부터 내고 미안하다고 하자는 것도 아니다. 우리가 어떤 시도를 하는 데에 있어서 장애물이 되는 것에 대해 생각해보자는 것이다. 내 스스로 나를 표현하는 것에서부터 어떤 결정을 내리기까지 망설임의 과정에 어떤 마음이 있는지 생각해보자는 것이다. 어쩌면 한 번 선택하면 바꿀 수 없고 그 모든 결과를 내가 떠안아야 한다는 생각이 '결정 장애'로 이어지는 것은 아닐까? 그렇다면 일단 결정을 해보면 어떨까? 선택은 그 자체로 결론이 아니라 다른 선택을 위한 하나의 과정이라고 생각하는 거다. 생각처럼 좋은 결과가 나오지 않는다면 그 상황에서 또 다른 선택을 해야만 할 것이다. 그리고 그 선택은 이전의 상황을 고려한 좀 더 좋은 선택이 될 수 있다. 만족스럽지 않은 시간을 견디는 것도 내가 성숙해지는 데에 도움이 된다.

미용실에서 머리를 잘못 잘랐다고 생각했는데, 점점 자신의 마음에 들 수도 있다. 또한, 아쉬움 속에서 내 스타일이 무엇인지 알아갈 수도 있을 것이다. 그렇게 뼈아픈 경험을 거쳐 찾은 내 스타일은 더 애착이 갈지도 모른다. 결국 모든 결과가 완벽하게 만족스러울 수 없다는 것, 어떤 선택이라도 좋고 나쁜 점을 동시에 찾을 수 있을 거라는 사실을 기억해보자. 아무리 꼼꼼하게 준비해도 부족한 점이 있을 수 있고 완벽히 좋았다면 그 결과를 위해 애쓴 시간과 노력이 거저는 아닌 것이다. 그리고 어떤 것이 내게 더 이로웠을지는(공을 들이느라 내 귀한 시간을 쓰고 때론 에너지가 바닥 나 짜증을 내고 주변 사람들을 긴장시켰다면, 그렇지 않은 쪽보다 반드시 낫다고 할 수 있을까?) 알 수 없는 일이다.

: 나를 위한 선택이 곧 모두를 위한 선택일 때가 많다 :

선뜻 내 마음대로 선택하지 못하는 이유 중 또 하나는 '너무 이기적인가?'란 생각 때문일 수 있다. 의존적인 사람들은 자주 주변 사람들을 살핀다. 그가 기분이 나쁜 건 아닌지, 피곤한 건 아닌지, 나 때문에 힘들어지지는 않을지, 아니 그보다 나를 부정적으로 평가하고 힘든 대상으로 느끼는 것은 아닌지 걱정한다. 따라서 "나 이거 할래!"라고 당당하게 말하는 것이 두려울 수 있다. 내 맘대로 했다간 그가 달아나거나 거절할 수 있다고 생각한다. 그리고 그것이 너무나 싫다. 그러나 어쩌면 그런 태도 자체가 매우 이기적이라고 할 수 있다. 솔직한 나를 감추고 상대방에게 책임을 떠넘기는 것일 수 있기 때문이다.

우리는 누구나 원하는 것이 있다. 원하는 걸 알아차리는 게 익숙하지 않아 시간이 걸릴 수도 있지만 말이다.(그럴 땐 지금 이 순간 원치 않는 것을 찾는 게 빠를 수도 있다.) 사랑하는 네가 원하는 것이라면 무엇이든 다 좋다고 말하지만, 그것은 기특한 나의 생각일 뿐이다. 내 생각은 그대로 존중할 만하지만 그렇다고 모든 걸 상대방에게 기꺼이 맞출 수 있는 사람은 없다. 나 자신에게 솔직해지자. 그리고 용기를 내어 말해보자. 시간이 조금 필요하다고 해도 좋다. 내가 스스로 선택하고 책임질 수 있는 상황을 만들어 그 결과가 어떤지, 그 과정에서 내가 두려워하는 것이 무엇인지를 관찰해보자. 그 중에서도 상대를 의식하고 눈치를 살피는 것이 컸다면, 나의 막연한 두려움 때문인지 정말로 그가 나의 결정을 불신하고 무시하는지 확인해보자.

한 달 전쯤 남자친구와 안 좋게 헤어진 한 여성은 새로운 남자를 만나 연애를 시작하면서 상담실을 찾았다. 곁에 누군가가 없으면 매우 불안해져서 그녀는 성인이 된 시점부터 꾸준히 누군가를 만나고 헤어졌다. 그녀의 연애는 상대방에게 맹목적으로 매달리는 것에 집중되어 있었다. 늘 상대가 자신을 떠날까 봐 두려웠고 두려움 때문에 자주 의심하고 그로 인한 갈등이 반복되었다. 상대의 어떤 점이 그렇게 좋으냐고 물었을 때 '나한테 잘해준다'라고 말했지만, 하나하나 살펴보면 뭘 잘해주는 건지 감이 잘 오지 않았다. 오히려 남자친구는 제멋대로이고 배려가 부족해서 화를 내고 막말을 하는 일이 잦았다. 이전 관계에서도 그렇게 싸우다 결국 헤어지고 나면 대체 왜 그를 좋아했었는지 후회하며 해방감을 느끼곤 했다.

그렇다면 혹시 그녀가 정말 그를 사랑하지 않는 것은 아닐까? 스스로에게 솔직하지 못한 행동은 아니었을까? 어느 시점에선, '날 제발 놓아주세요!'라는 사인을 보내고 있었던 것은 아닐까? 스스로도 알 수 없는 두려움이 상대를 나쁜 사람으로 몰고 가고 있는 것인지도 모르겠다. 결국 비련의 여주인공이 된 그녀는 사랑 없이 그저 기댈 누군가를 반복적으로 찾게 될지도 모른다. 그리고 그 결과는 서로에게 큰 상처가 된다. 일단 그의 화내는 행동이 더 이상 받아줄 수 없을 만큼 내게 상처가 된다면 그만하라고 말할 수 있어야 한다. 내가 원하는 것은 서로 배려하고 존중하는 것이라고 표현해야 한다. 솔직한 대화를 통해 상대가 변할 수 있다면 그의 사랑을 믿어볼 만하다. 혹은 내가 사랑하지 않는 것을 표현하고 잘 헤어지는 쪽도 서로에게 좋다. 그 순간은 상처가 되겠지만 시간이 갈수록 상처가 깊어질 관계라면 일찍 끝내는 것이 더 낫다.

우리는 모두 행복한 삶을 살아야 할 권리가 있다. 더구나 연인사이라면, 부부사이라면 서로를 행복하게 해주어야 할 의무가 있다. 둘 중 하나만 행복할 수도 없거니와(사랑하는 사람의 불행은 곧 나의 불행이기도 하다.) 그럴 수 있는 사람이라면 그건 이미 사랑이 아니다.

: 삶에 대한 통제력을 기르는 만큼 행복해질 수 있다 :

선택이 중요한 이유는 또 있다. 바로 내 삶에 대한 통제력을 기르고 행복감을 느낄 수 있기 때문이다. 똑같이 힘든 상황에 놓여 있다고 하더라도 그것을 내가 통제할 수 있느냐 없느냐는 스트레스 정도에 큰 영향을 미친다. 현재 하는 직무에서 불만족을 느끼고 있다고 해보자. 일의 특성이 내 성향과 맞지 않아 낑낑대고 있었는데 그 양마저 늘어나서 더 버거워진 상황이다. 이때 반년만 지나면 부서이동이 있을 것이란 말을 들었다면 어떨까? '반년'이라는 기한이 정해져 있기 때문에 힘들지만 버텨볼 수 있다. 중간 중간 악에 받쳐도 '이까짓 거 한두 달만 더 하면 끝이다!'란 믿음이 있다면 좀 더 힘을 내볼 수 있다.

그러나 평생 이 일을 해야 한다고 생각한다면? 믿을 구석 없이 참고 또 참으며 얼마나 버틸 수 있을까? 막막함은 두려움을 증폭시키고 이는 큰 스트레스가 되어 그나마 기꺼이 할 수 있는 일들도 못하게 될 수 있다. 상황에 질질 끌려가며 마지못해 이 일을 해야 한다는 생각에 자괴감이 들 수도 있을 것이다. 반년 후에 있을 부서이동에 대해 미리 알 수 있다는 건 참 다행스러운 일이다. 이런 행운이 주어지지 않는다면 내 스스로 한계를 정하고 그 안에서 통제감을 느껴보는 편이 좋다.

우리는 누구나 주체적으로 무언가를 하고 있을 때 힘이 난다. 의존적인 사람들조차 혼자 하는 것이 두려운 것이지 일단 하고 나면 성취감을 느끼고 자존감이 자란다. 그리고 우리는 그만큼 더 행복해질 수 있다. 자존감은 '나를 있는 그대로 바라보는 것'부터 시작한다. 내가 지금 무엇을 원하는지 잘 알아차리고 그대로 내가 선택할 수 있도록 용기를 주는 과정 자체가 자존감을 높이는 것이 된다. 따라서 지나친 의존은 자존감에 부정적인 영향을 끼친다. '스스로 할 수 없을 것 같은' 막연한 감정이 '스스로 할 수 없다'는 생각으로 번져 '스스로 할 수 없는 사람'이라는 판단으로 자기를 가둘 때, 그만큼 더 위축되고 자존감은 낮아진다. 그렇게 행복과 멀어지면 내가 의존하는 사람도, 내가 사랑하는 사람도 결코 행복할 수 없다. 어쩌면 더 단호해져야 할 일이다. 내 마음에 따라 선택하는 과정에서 우리는 더 당당히 주장하고 때론 거절도 해야 한다. 이기적이라고 생각했던 나의 선택이 결과적으로 모두를 위한 최선이 될 수 있듯이, 상대를 배려하기 위해 거절하지 않는 것이 어쩌면 소통을 방해하고 관계를 단절시키는 계기가 될 수도 있다. 거절에 대해서는 다음 장에서 더 알아보자.

거절하는 게 어렵다면
생각해봐야 할 것들

어린 시절 우울했던 어느 날, '예쁘지도 않고 재능도 없는 내게는 공부만이 살 길이다!'란 생각을 했고 그때부터 모범생이 되었다. 부모님은 영문도 모른 채 모범생 딸을 기특해하셨고 은근히 기대도 하셨을 거다. 수능을 망치고 원하는 대학에 들어가지 못했을 때, 어쩌면 '재수해서 더 좋은 대학에 가겠지'라고 생각하셨는지도 모르겠다. 그래서인지 운 좋게 입학한 학교와 학과에 만족하며 대학생이 되자마자 먹고 마시고 놀고 반항하는 딸의 변화를 탐탁지 않아 하셨다. 특히 아버지와의 관계가 급격히 틀어져 상담을 받기도 했다.

그러던 중 아마도 1학년 때쯤 아버지는 근사한 저녁을 사주신다며 학교 앞에 찾아 오셨다. 여러 가지 말씀을 하셨고 아마 나의 장래를 걱정하며 해주시는 조언들이었을 거다. 안타깝게도 잘 기억은 안 나지만 딱 한 가지 말씀은 아주 또렷하게 남아 있다. 그건 바로 '약속은 하루에 꼭 하나만 잡아라'라는 것이었다. 하루에 이 사람과 잠깐 저 사람과 잠깐, 혹은 이 모임 저 모임을 참석했다간 누구도 제대로 만날 수 없고 양쪽에 원성만 사게 된다는 의미였던 것 같다.

겹치기 약속을 잡는 건 어느 한 쪽도 거절하기가 아쉽고 혹은 눈치를 보느라 그렇게 하는 건데 결국은 미움을 받게 된다니! 평소 사람들과의 모임에 참여하는 걸 좋아하시는 아버지의 경험에서 우러나온 이야기일 거라 확신했다. 그리고 그날도 분주하게 다음 약속 장소로 이동해야 하는 아버지를 보면서, '아, 정말 변하는 건 어렵구나!'라는 생각도 문득 하면서 말이다.

: 거절은 대화로의 초대이다 :

눈치 보느라 거절을 못했다가 더 사이가 멀어져 눈치 없이 행동하는 것만 못한 관계가 될 수 있다. 직장 동료가 술 한잔하자면 늘 거절을 못하고는 재미없이 저녁시간을 보내버렸다고 투덜대는 친구가 있었다. 어느 날은 같이 저녁을 먹다가 친한 선배 이야기가 나왔다. "넌 그 선배가 뭐가 그렇게 좋니?"라고 물으니 "거절을 잘해서!"라고 바로 말한다. 술 한잔하자고 할 때 약속 있다고 가버리면 좀 아쉽기도 하지만 그 솔직한 한마디가 고마워 그를 더 신뢰하게 된다고 했다. 억지로 시간을 맞추고 나면 얼마나 괴로울지 본인이 잘 알기 때문에, 그렇지 않은 그 선배가 참 좋다고 했다. "그럼 너도 거절 좀 해!"라고 말했지만, 그 말은 허공을 맴돌다 사라졌을 거란 걸 안다. 변하는 건 정말 어려우니까. 우리 아버지처럼 말이다.

어쩌면 상담을 받으러 온다는 것 자체가 반은 변한 것이다. 내 문제를 인식했을 뿐만 아니라 혼자 변하기는 어렵다는 것까지 인정한 후 도움을 청하는 것이기 때문이다. 술자리 제안을 거절 못하는 친구가 내게 상담을 받으러 왔다면 거절을 어려워하는 그녀의 밑 마음을 찬찬히 들여다봤을 것이다. 과거에 "아니오"라고 말했다가 반복적으로 비난받았던 역사가 있었을 수도 있다. 즉, 버림받고 싶지 않고 혼자가 되고 싶지 않은 그 마음이, 누군가에게 지나치게 의존하는 마음이 어떤 부탁이든 일단 받아주고 보는 습관으로 발전했는지도 모르겠다.

무조건 '네'라고 하는 것이 갈등을 피할 수 있고 내가 더 편할 수 있는 길이라고 생각한다면 '아니오'의 가능성은 점점 더 막아두게 된다. 그리고 거절을 못한 후 원치 않는 상황에 맞닥뜨렸을 때 그것은 온전히 내가 감당해야 할 몫이 된다. 그래도 갈등을 일으켜 비난을 받고 버림받는 것보다는 낫다고 생각한다면 눈을 감고 침묵하며 한 번 두 번 더 참게 될 것이다. 그렇게 참아낸 감정들은 불행히도 엉뚱하게 폭발해 결국 혼자 남게 되는 비극에 빠질 수도 있다. 혼자되기 싫어서 거절을 못했는데 그로 인해 혼자가 되는 비극 말이다.

대학원에서 상담심리를 공부하던 시절, 'CHANGE 대화법'이라는 워크샵에 참석했다가 '거절은 대화로의 초대'라는 제목에 고개를 끄덕였던 적이 있다. 바로 위와 같은 배경을 이해했기 때문이다. 어떤 요청에 기꺼이 수락하지 못하고 '억지로' 참는 것은 상대의 말이 잘 이해되지 않거나 마땅치 않기 때문이다. 이해가 되지 않는다면 묻는 것이 옳고 그 대화의 시작이 바로 '거절'이 될 수 있다. 묻지도 따지지도 않고 '네'라고 할 수 있는 것은 그와 나의 마음이 잘 맞았을 때의 일이다. 그렇지 않는데도 '네'라고 바로 수긍해버리는 것은 나뿐만 아니라 상대방의 말도 막아 소통의 단절을 가져올 수 있다. 그런 의미에서 거절은 진실한 대화로 초대하는 하나의 시작이 될 수 있다.

'아니오'를 말하는 것은 누구에게나 쉽지 않다. 따라서 때로는 귀찮아서 거절을 하지 않고 지나쳐버린다. 반대로 정말 중요한 사람이라면, 솔직한 마음으로 소통하고 싶다면 내키지 않을 때 거절을 해보자. 거절을 통해 요청을 하는 그 마음을 있는 그대로 들어볼 수 있고 내 솔직한 마음을 표현할 수 있는 좋은 기회를 얻을 수 있다.

: 서운함은 한순간이지만 불안함은 상처로 남는다 :

거절은 거절이지 '대화로의 초대'라니 너무 포장하는 것 아니냐고 말할지도 모르겠다. 그렇다면 이런 예는 어떨까? 소개팅으로 만난 상대와 분위기 좋게 헤어져 그 후로 두어 번 더 만났는데 어느 날 갑자기 연락이 끊겼다면? 나는 한 단계 한 단계를 밟아가며 상대에 대한 기대를 키우고 있는데 그 어떤 예고도 없이 잠수를 타버렸다면? 심지어 연락이 끊긴 전날까지 너무 적극적으로 다가오던 그가 순식간에 사라져버렸다면 그 상황을 어떻게 받아들일 것인가.

하루 이틀 지나고 나면 '아, 그게 거절이구나' 생각할 수도 있지만, 엄밀히 말하면 그는 거절을 안 하는 걸 선택한 것이다. 그리고 거절을 안 한 행동으로 인해 상대방은 긴 시간 동안 홀로 소설을 쓰게 된다. 또한, 그로 인해 인간에 대한 불신과 스스로에 대한 자괴감마저 자랐을 수도 있다. 상처가 될까 봐, 미안한 마음에 말을 못 하겠다고 말하지만 그냥 '상대방이 서운해하는 것을 감당하기 불편해서' 우리는 거절을 하지 못한다. 즉, 이것 역시 매우 이기적인 행동이다. 한순간 서운하고 말 일을 오랫동안 불안을 겪으며 더 큰 상처를 안게 될 수도 있다. 결국 진실한 소통을 위해 거절은 꼭 필요한 하나의 과정이 될 수 있다.

: 지금 이 순간, 내가 정말 원하는 것이 무엇인지 생각해보자 :

그러나 아무리 마음을 다잡고, 거절은 상대를 위한 행위일 수 있다고 해도 그 순간 상대방이 실망하는 혹은 화내는 표정을 견딜 수가 없어 거절을 미루게 될 수 있다. 혹은 이 사람도 만나고 싶고 저 사람도 만나고 싶은 마음에 둘 다 거절하지 못하고 욕심내서 겹치기 약속을 잡게 될 수도 있다. 이때 너무 급하게 서두르지 말고 잠시 멈춰보자. 지금 이 순간 내게 우선순위가 되는 욕구가 무엇인지를 생각하는 시간이 필요할 수 있다. 우리의 마음은 시시각각 변한다. 이것을 인정하지 않을 때 매우 골치 아파진다. 이성문제로 상담을 받는 경우, "그는 친구 만나는 것만 좋아해요!"라고 판단해서 말하지만, 친구 만나는 것만 좋아하는 사람이 왜 연애를 하겠는가. "남자친구는 회사 사람 만나는 걸 전혀 이해하지 못해요!"라고 단정짓지만, 곰곰이 생각해보면 회사 사람과 만나는 약속 모두를 싫어했던 건 분명 아니었을 것이다.

이렇듯 우리가 누군가를 판단하는 것이 오해를 낳고 소통을 방해하는 것처럼, 스스로 나 자신을 판단하는 것도 의존에서 한 발 더 나아가려는 나의 발목을 붙잡을 수 있다. 나 역시 늘 같은 욕구일 수 없다는 것을 인정하고 열린 마음으로 내 마음을 바라보면 어떨까? 어느 날은 눈앞의 사람이 중요해서 동료들과의 술자리가 좋다가도 어떤 날은 그저 아무 말 없이 기댈 수 있는 애인이 절실할 수 있다. 혹은 그저 나 혼자 조용히 있거나 생각을 정리할 시간이 필요할 수도 있다. 이 모든 가능성을 열어둔 채 거절할 것과 수용할 것을 결정해보자. 대체로 순간 나도 모르게 결정하는 일들은 내가 정말 원해서라기보다는 불안한 마음 때문인 경우가 많다.

더불어 내가 오늘 거절했다고 다시는 만날 수 없는 사람이라면,

평생 만날 수 없는 사람인지도 모른다. 그만큼 나의 상황을 배려해줄 의사가 없는 사람이니까. 이런 과정에서 중요하지 않은 관계를 정리하게 되는 뜻밖의 이득을 얻을 수도 있다. 인간의 에너지는 한정되어 있고 우리는 그 에너지로 내게 좀 더 소중한, 내가 좀 더 행복할 수 있는 관계를 선택하고 유지해가야 한다. 더불어 어려운 거절을 통해 더 소중해진 관계는 더 단단해질 수 있고 다른 일에서처럼 인간관계도 내가 주도적으로 가꿔나갈 수 있는 기회를 얻게 된다.

물론, 그럼에도 불구하고 여전히 상대방을 배려하는 것은 중요하다. 내게 소중한 사람과의 관계를 유지하기 위한 거절이라고 한다면 더더욱 그 방식도 중요할 것이다. 어떻게 거절하는 것이 좋을까? 우선 상대의 제안을 잘 들어야 한다. 때로 우리는 그저 거부감이 밀려와 '싫다'라고 생각해버린다. 그리고 무턱대고 싫은 감정에 휩싸이면 잘 거절하기도 어렵다. 내 감정을 억누르고 표현해야 하기 때문이다. 그냥 싫은 것이 아니라 거절해야 하는 상황이라는 판단이 든다면 내게 분명 그럴 만한 이유가 있다는 것에 당당해지자. 나는 지금 상대방의 존재 자체를 부정하는 것이 아니라 그의 제안을 그대로 따를 수 없다고 말하려는 것이다. 그러니 너무 위축될 필요는 없다.

결국 거절의 이유를 잘 전달하는 것이 잘 거절하는 일이 될 것이다. 이때 내가 원하는 것을 정확히 알고 있는 게 도움이 된다. "평일에 남자친구를 만나지 못해서 이번 주말에는 꼭 만나고 싶어"라고 말하며 "내일 만나는 건 어때? 아니면 다음 주 주말에?"와 같이 대안을 제시하면 더 좋겠다. 만약 그 이전에 이번 주말에 꼭 만났으면 한다면 그 마음을 들어봐야 한다. 친구는 자기의 마음을 들어주는 것만으로 날 소중히 여긴다고 느낄 수 있고 그런 믿음은 이번 주말에 꼭 만나지 않고도, 조금 서운해도 괜찮은 마음의 힘이 된다.

그러고 보니 거절은 대화로의 초대, 즉 소통을 위한 과정일 뿐만 아니라 나를 자유롭게 해주는 행위가 되는 것 같다. '거절한다'는 말은 나와 상대방의 존재 자체를 부정하는 것이 아니라 그저 어떤 행위에 대한 반응이다. 그 행위가 지금 이 순간 내가 원하는 것이 아니라는, 나의 행복에 반하는 것이라는 혹은 좀 더 중요한 것을 위해 미뤄야만 한다는 의미인 것이다. 그렇다면 우리는 좀 더 가볍게 거절할 수 있을 뿐만 아니라 상대의 거절 또한 쉽게 받아들일 수 있게 된다. 그리고 그 가벼움이 주는 자유는 내게 날개를 달아줄지도 모르겠다. 더 자유롭게, 더 힘 있게, 더 독립적으로!

어쩌면 '거절하기'는 지나친 의존에서 해방될 수 있는, 그 무엇보다 중요한 과정이 된다. 행여나 '나를 선택해주었는데 감히 내가 어떻게 거절을!'이라는 마음이 상대의 제안을 무조건적으로 수용하게 만든다면 내가 얼마나 소중한 존재인지 기억하자. 그가 나를 선택한 이유는 내가 소중한 사람이기 때문이라고 믿어보자. 그리고 그런 소중한 나를 지키기 위해 너무 쉽게 순응하고 내 마음과 다르게 "네" 하지 말아야 한다는 것도 기억하자. "그 선배가 거절을 잘해서 좋아!"라는 친구의 말처럼, 어쩌면 거절은 그의 가치를 더 높이고 그를 선택한 사람의 가치마저 높이게 되는 기회인지도 모른다.

혼자만의 시간을
소중히 다루려면

어린 시절 시끌벅적한 가족 안에서 생활하는 것이 싫었던 나는 자주 혼자만의 시간을 꿈꿨다. 새벽에 일찍 일어나는 습관을 들인 것도 모두 잠든 시간에 혼자 깨어 있고 싶어서였다. 결혼을 하면서 집을 나와 독립을 한다는 사실이 가장 설렜고, 애쓰지 않아도 혼자 있는 시간이 많아졌다. 그런데 웬일인지 그토록 원하던 상황이 좋지만은 않았다. 물론 조용히 책을 보거나 내가 보고 싶은 영화를 보고 내 맘대로 음악을 듣는 일은 즐거웠다. 그런데 어떤 날엔 좋은 만큼이나 외롭고 쓸쓸

했다. 스트레스가 심한 날은 더욱더 외로웠다. '난 왜 이렇게 못났을까?'라며 자존감이 바닥을 치는 날엔 혼자 있는 시간을 감당하는 것이 너무 버거웠다. 그렇게 힘든 시간을 보내고 나면 한동안은 혼자의 시간을 어떻게든 피하려고 애쓰게 된다. 약속을 빡빡하게 잡고 사람들과 함께 하기 위해 상대방의 스케줄에 끌려가는 일이 많아졌다. 어느새 내 시간이 사라지고 원하는 걸 미루게 되어 그로 인한 아쉬움이 점점 커졌다.

: 혼자만의 시간이 두려운 이유 :

흔히 자존감이 낮은 사람들은 혼자만의 시간을 허용하지 못한다고 한다. 싫은 나와 단둘이 함께 있는 것이 불편하기 때문이다. 내가 누구인지 잘 모르고 관심조차 없다면 쉽게 지루할 것이다. 또 나의 하나하나가 못마땅하고 수용할 수 없다면 그런 나를 온전히 바라보는 시간이 괴로울 것이다. 스스로 무언가를 해낼 수 없다고 생각하며 매사에 자신감이 없다면 혼자인 시간은 그 자체로 막막하고 불안할 수 있다. 이러한 막연한 두려움이 내재되어 있다면, 시간이 날 때마다 누구라도 만나야 할 것만 같고 그게 아니라면 가상의 공간에서 대화 상대를 찾는 등 무언가에 끊임없이 의존하게 된다.

스파이크 존즈 감독의 2013년 영화, 〈그녀(her)〉에서는 컴퓨터 운영 체제와 사랑에 빠지는 한 남자의 이야기를 그린다. 주인공 테오도르는 아내와 별거 중이다. 그의 직업은 대필 작가로 달콤한 연애편지들, 감동적인 기념일 편지 등을 대신 써주지만 그와 대비되는 본인의 일상은 외롭고 쓸쓸하다. 그런 상황에서 우연히 만난 인공 지능 컴퓨터 사만다는 한줄기 빛이 되어준다. 스스로 생각하고 느낄 줄 아는 그녀는 비록 목소리만 등장하지만 테오도르의 일상을 함께 하며 삶에 활력을 준다. 테오도르는 일어나자마자 사만다를 찾고 걸어가는 동안에도, 어떤 갈등 상황이나 그저 외로운 순간에도 그녀와의 연결을 통해 안정을 찾아간다.

어쩌면 사만다의 적극적인 질문과 공감 반응들은 마치 상담자의 역할과도 같다. 아내와의 관계에서 상처받았던 주인공은 치유가 필요했는지도 모르겠다. 그리고 실제로 성장한다. 누구와도 마음을 나누지 못했던 그가 사만다와 진심으로 소통하고 과거의 실수를 인정하게 된다. 스스로를 공감하는 과정에서 자신에 대해 더 잘 알게 되고 자존감도 자란다. 그리고 결국 사만다는 떠난다. 마지막 장면에서 사만다를 떠나보내는 테오도르와 함께 수많은 사람들이 혼자가 되었다는 암시를 보여준다. 마치 '누구나 혼자다'라며 의존하는 마음에 찬물을 끼얹는 것 같다. 그럼에도 불구하고 따뜻하게 느껴진다. 나만 혼자인 것이 아니라 그도 혼자이고 수많은 혼자들이 함께 사는 세상이라고 말해준다. 그래서 위로가 된다.

의존하는 대상이 사라질 때 허전함만큼 홀로 설 기회를 얻게 되는 것인지도 모른다. 안전한 엄마 품에서 건강하게 자란 아이들은 호기심을 갖고 세상에 뛰어든다. 조금 두렵지만 이겨낼 수 있고 조금 외롭지만 감당할 수 있다. 늘 누군가에게 의존할 수 없다는 것을 알고, 또 의존하지 않을 때의 기쁨도 알기 때문이다. 이런 자신감은 충분히 의존해본 기억과 감각을 통해 자란다. 아마도 영화 〈그녀〉에서의 테오도르는 사만다가 사라진 후 외로워졌겠지만 그녀를 만나기 전과는 다른 모습일 것이다. 그녀와의 대화를 통해 자신이 무엇을 좋아하는지 알게 되었고, 꽤 괜찮은 사람이라는 것도 인정하게 되었기 때문이다. 더불어 누군가가 필요하다는 것도 알고 그렇다고 매 순간 내 곁에 있어줄 수 없다는 사실도 수용하게 되었을 거다.

영화 속 주인공처럼 우리도 늘 누군가가 함께이길 원하며 상처들을 그저 떠안고 하루하루를 견디는지도 모르겠다. 불행히도 현실은 영화와 달라서 어느 누구도 매일같이 나만 바라보며 내가 필요할 때 나타나 대화상대가 되어줄 순 없다. 그렇다면 테오도르가 사랑했던 인공지능 컴퓨터를 그 자신이라고 생각한다면? 나를 매 순간 따라다

닐 수 있는 존재는 '나'뿐이다. 따라서 나 자신과의 관계를 잘 맺을 수 있다면 아픔을 이겨내는 것도, 현재를 조금 더 행복하게 즐기는 것도 가능하지 않을까?

: 혼자만의 시간이 중요한 이유 :

지루함, 괴로움, 막막함과 같은 부정적인 감정에 휩싸이지 않기 위해 누군가를 만나고 의지하며 매일을 보낸다고 생각해보자. 가족으로부터 독립한 후 혼자만의 시간이 두려워 깨알같이 약속을 잡았던 필자처럼, 어느 순간 '나'는 사라지고 만다. 나를 중심으로 약속을 잡는다고 해도 내가 원하는 것 중 혼자서만 할 수 있는 것들도 있다. 가령 내 물건들을 정리하고 싶다거나 복잡한 생각을 정리하고 싶을 때, 잠을 실컷 자고 싶다거나 좋아하는 음악을 듣는 것 등 혼자서 해야 온전히 즐길 수 있는 것들이 생각보다 많다. 우리는 여러 가지 일을 동시에 하는 것 같지만, 잘 생각해보면 전환이 빠른 것이지 동시에 하는 것이 아니다. 어딘가에 주의를 기울이면 다른 것은 그저 배경이 된다.

나는 지금 숨을 쉬고 있으며 손가락으로는 컴퓨터 자판을 두드리고 눈으로는 화면을 보고 있다. 창밖의 빗소리가 들리고 노트북 옆에 앉은 고양이가 배를 들썩거리며 숨을 쉬는 것도 보인다. 지금 이 순간 나의 주의는 글을 쓰는 것이다. 멈춰서 지금의 나를 관찰하기 전에는 내가 빗소리를 듣고 있는 것도, 고양이가 미세하게 움직이고 있는 것도 알아차리지 못했다. 오늘 중으로 끝마쳐야 하는 이 글에 온통 신경을 집중했기 때문이다. 한 가지에 주의를 잘 기울인 덕분에 내가 해야하고, 또 하고 싶은 일을 마치게 될 것이다. (그러길 바란다!) 그리고 글을 다 쓰고 나면 고양이의 숨소리가 더 크게 들릴 것이고 그 움직임이 의미하는 것에 주의를 기울여 함께 시간을 보내게 될 거다.

이러한 과정을 심리학에서는 '마음챙김(mindfulness)'이라고 한다. 마음챙김은 동양의 명상을 경험한 미국의 심리학자들이 이를 심리학과 접목시켜 만든 개념이다. 최근 유행처럼 번지고 있는 일상 속에서의 명상은 바로 이 '마음챙김'이다. '현재에 주의를 기울임으로써 생기는 자각'을 통해 습관적으로 하는 행동에서 벗어날 수 있으며 나를 괴롭히는 부정적인 생각들을 내려놓을 수 있게 된다. 즉, 글을 쓰는 그 이외의 경험에 대해 적고 있을 때 그것들에 대해 빠르게 전환한 것이지 동시에 신경을 쓰고 있는 것은 아니라는 것이다. 따라서 우리가 여러 가지 일을 한꺼번에 해낼 때 얼마나 많은 에너지를 쓰고 있을지 짐작이 간다. 순식간에 이곳저곳으로 주의를 돌려야 하기 때문이다. 혹은 어느 하나에도 집중하지 못해 마음이 방황하고 있는지도 모른다. 글도 제대로 못 쓰고 고양이와 잘 놀아주지도 못 하는 상황! 이런 상황이 어쩌면 우리에게 자주 발생하며, 해결되지 않은 채 찝찝하게 남는다. 그리고 마무리하지 못한 과제들은 때로 굉장한 무게로 나를 짓누른다.

차분히 하나씩 해결해나갈 시간이 필요하다. 어느 정도의 여유가 있어야 하고 잘 선택할 수 있는 맑은 정신이 필요하다. 이를 위해 명상이 큰 도움이 된다. 지금 이 순간에 온전히 주의를 기울이는 '자각 훈련'으로 우리의 정신은 맑아지고 더 좋은 선택을 할 수 있게 된다. 더 좋은 선택이란, 내게 필요한 것 혹은 내가 원하는 것이다. 이를 통해 상황에 끌려가거나 눈치 보며 맞추느라 포기하고 참는 대신 삶을 더 주도적으로 살게 된다. 스트레스 자극을 피할 수는 없지만 그것과 더불어 잘 살 수 있는 힘을 기르는 것이다. 그리고 이것은 온전히 나 혼자, 나와 관계를 맺음으로써 가능해진다. 결국 명상은 '나를 사랑하는 훈련'이 된다. 나의 마음과, 나의 현재를 알아차리는 것만으로도 삶에 여유가 생기고 편안해진다. 나아가 마음챙김 명상은 삶의 태도를 뜻하기도 한다. 가부좌를 틀고 눈을 감고 호흡에 집중하는 것은 일상에서 나 혼자 내 삶을 주도적으로 살아가며 용기를 낼 수 있게 해주는 하나의 훈련이다.

: 혼자 있는 시간을 소중히 다루는 법 :

명상을 통해 혼자만의 시간이 중요한 이유를 깨닫게 되고, 내 삶에 대한 태도를 바꾸는 데에 도움이 된다면 좀 더 구체적으로 내 시간을 소중히 다루는 법을 정리해보면 어떨까?

우선, '혼자=외롭다'라는 편견에서 벗어나보자. 우리는 흔히 외로운 감정을 부정적인 감정으로 분류한다. 혼자인 시간은 조금 외로울 수 있지만 그것이 전부는 아니다. 오히려 혼자 있을 때보다 누군가와 함께 있을 때 더 외로운 경우도 많다. 따라서 혼자면 외로울 것이라는 편견 혹은 두려움에서 일단 벗어나야 다른 긍정적인 것에 주의를 기울일 수 있다. 없는 것을 찾는 것이 아니라 단지 알아차리지 못했던 것에 신경을 쓰는 일이라는 걸 명심하자.

이렇게 편견을 거두고 나면 혼자인 시간의 장점이 더 잘 보일지도 모른다. 이때 그것에 대해 정리해보는 거다. 자연스럽게 내 몸과 마음이 어떤지 더 살피게 될 수 있고 나의 건강을 위해 무언가를 해볼 수 있다. 몸에 좋은 음식을 먹고 운동을 하며 하루 종일 회사에서 사람들을 만나며 시달린 내게 좋은 에너지를 채워주는 것이다. 사랑하는 사람과 대화를 하며 먹는 음식도 맛있지만 나 혼자 무엇을 먹는다면 음식의 맛을 더 잘 느낄 수 있다는 장점이 있다. 때론 내 몸에 맞지 않는 음식은 피할 수 있고 내가 배부른 만큼만 적당히 먹을 수도 있다. 책을 읽는 것도 음악을 듣는 것도 영화를 보는 것도 그 자체로 충분히 즐길 수 있는 것임을 기억하자. 무언가를 함께 나누기 전에 나 혼자 소화시키는 과정이 있다면 우리는 좀 더 의미 있게 이를 다른 사람들과 나눌 수 있다. 이렇게 혼자인 시간의 장점을 나열해보았다면 일단 시도해보는 거다. 그리고 누군가와 약속을 잡기 이전에 내 시간과 내 상태를 먼저 돌아보자. 아주 잠깐이라도, 나를 위해 온전히 쓰는 시간을 우선순위에 두고 그 다음 일들을 계획해보자.

모든 사람은 각자의 개성을 갖고 있다. 그리고 나 역시 그럴 것이다. 혼자만의 시간을 즐기는 것이 나의 개성을 찾아주는 과정이라고 생각해보는 것은 어떨까. 나만큼 나를 잘 알 수 있는 사람은 세상에 없다. 물론 인간관계를 통해 나를 깨닫게 되는 계기가 되기도 하고, 나의 의식이 더 확장되기도 한다. 누군가와 사랑을 해본 사람이라면 관계의 중요성을 명백히 느낄 수 있을 것이다. 앞서 언급한 영화 <그녀>에서 사만다를 통해 성장한 테오도르처럼 말이다. 그리고 그만큼 중요한 것이 '나와의 관계'이다. 홀로 남은 테오도르처럼 인간은 결국 혼자인지도 모른다. 아니 때론 혼자이고 수많은 혼자들이 모여 관계를 맺게 된다. 모두 어느 정도는 외롭고 쓸쓸하며 나약하다. 혼자만의 시간을 잘 지내라는 것이 혼자서 완벽하게 살아야 한다는 것은 결코 아니다. 그저 나약하고 모자란 나 자신을 있는 그대로 사랑하고 돌봐주라는 것이다.

영웅이 된 인간이 아닌, 그저 구질구질한 인간 세상을 그리고 싶다는 감독, 고레에다 히로카즈는 〈걷는 듯 천천히〉라는 에세이에서 이렇게 말한다.

'결핍은 결점이 아니다. 그것은 가능성이다. 그렇게 생각하면 세계는 불완전한 상태 그대로, 불완전하기 때문에 풍요롭다고 여기게 된다.'

혼자만의 시간을 잘 보내는 것은 바로 불완전한 나를 인정하는 시간이다. 그리고 어쩌면 이것은 내 가능성을 찾아가는 시간이 된다. 그 자체로 얼마나 의미 있는 시간인가!

타인에게 쉽사리
휘둘리지 않는 법

바쁜 아침이다. 일어나서 씻고 아침을 챙겨먹고 날씨에 맞춰 옷을 골라 입는다. 화장도 꼼꼼하게 해야 한다. 기초화장을 끝내고 색조 화장도 아주 기본은 해줘야 할 것 같다. 여느 때와 다르지 않은 아침인데 조금 여유가 생겨 눈 화장을 하려고 거울을 보았다. 거울 속에 나란히 등장한 아이가 한마디한다.

"엄마는 왜 얼굴을 점점 못생기게 만들어?"

순간 나도 모르게 손에 든 화장도구를 내려놓았다.

'난 언제부터 이렇게 열심히 화장을 했던 거지? 뭐 하러 이 바쁜 아침에?'

아이의 한마디에 평소 습관적으로 해오던 일들, 그 중 내 의도와 다르게 주변의 평가나 판단에 휘둘리던 마음들을 돌아보게 되었다. 어려서부터 외모에 대한 평가를 많이 받았던 나는 기본적으로 늘 자신이 없었다. 괜찮아 보이는 날에도 일단 내 눈을 의심했다. 그리고 누군가 나를 평가해주기를 바랐던 것 같다. 그 정도면 예쁘다고 말이다. 외모에 대한 기준이 늘 외부에 있으니 상술에 넘어가기도 쉬웠다. 립스틱 하나 사볼까 하고 백화점에 들어갔다가 기초 화장품부터 아이 메이크업용품들까지 얼결에 사들여 할부기간 내내 속을 썩기도 했다. 안타깝게도 3개월 할부가 끝나면 어느새 또 잊고 다시 예뻐 보인다는 말에 넘어가 또 다른 3개월을 가슴을 치며 보냈다. 이렇게 쉽게 휘둘리는 나를 알아차리고 나니 이제 좀 변하고 싶어졌다.

: 나 아닌 대상에 의존하고 휘둘리는 이유 :

상담은 현재의 문제를 해결하기 위해 시작되지만, 과거의 경험이 어떤 식으로건 영향을 끼쳤다면 그것은 현재형으로 본다. 이렇게 시작된 어린 시절의 이야기를 듣다보면 대부분의 사람들이 한 번쯤은 수치스러워 숨고 싶었던 기억이 있다는 걸 알게 된다. 그리고 그 기억은 매우 강렬해서 불안, 우울, 외로움 등 부정적인 감정에 자주 빠지게 되거나 습관적으로 어떤 행동을 하는 데에 결정적 사건이 되기도 한다. 외모로 비교를 당했던 사람은 일단 외모에 자신이 없고 괜찮다는 것을 확인받아야만 안심이 된다. 성적 등 등수를 매기는 일에서 뒤처져 심한 질책을 들었던 사람은 다시는 그런 일이 벌어지지 않도록 스스로를 단련시킨다. 끊임없이 시험을 보고 그 결과 점수가 마치 자신에 대한 객관적인 수치인 양 안심한다. 때론 부모가 배려하는 법을 가르친다며 자녀의 이기적인 행동을 심하게 혼냈을 때 아이는 자라서 이기적인 마음을 수용하지 못하고 매 순간 습관적으로, 때론 억지로 상대방을 위하는 척한다.

더 안타까운 건 혼난 기억으로 스스로를 낙인찍은 탓에 진심으로 배려하고자 하는 마음이 들 때조차 그것을 자각하지 못한다는 것이다. 이처럼 누군가의 심한 질책을 통해, 수치심을 바탕으로 형성된 자

아는 휘둘릴 수밖에 없다. 평가에 '의존'하는 것은 내 안의 기준을 찾고 그것을 중심으로 선택하고 결정하는 데에 방해가 된다. 모든 것을 내 기준으로, 자기 확신에 매몰되어 남의 말을 듣지 않는 것도 분명 문제가 된다. 자기 세계 속에 갇혀 더 이상 발전할 수 없을지도 모른다. 그러나 그런 경우는 대부분 자기 확신이 뚜렷해서가 아니라 남의 말을 듣기가 두려운, 방어하는 태도에서 비롯된다. 즉, 내 중심이 바로 서 있는 상태라면 불필요하게 방어해야 할 이유가 없고 남의 말에 귀를 기울이기도 쉽다. 생각 없이 휩쓸려 가는 것이나 내 고집이 꺾일까 봐 벽을 쌓는 것 모두 평가에 예민하기 때문일지도 모른다. 우리는 무언가 두려운 마음 탓에 때로 주변을 의식하고 의존하게 된다.

오래 전에 〈제8요일〉이라는 프랑스 영화를 보고 많이 울었던 기억이 난다. 주인공 아리는 세일즈 기법 강사로 성공한 사람이다. 한편 영화 속에서 그려지는 그의 일상은 너무 정확하고 빈틈이 없어서 소름이 돋는다. 표정 역시 시종일관 변함이 없고 때론 너무 차갑다. 아마도 그런 이유로 아내는 그의 곁을 떠난다. 아내와 별거를 하게 된 아리는 우연히 다운증후군 환자인 조지를 만나게 되고, 이제까지 느껴보지 못한 삶의 또 다른 측면을 발견하게 된다. 흐트러지고 뒤섞이고, 울고 웃는 가운데 아리의 따뜻한 마음들이 하나둘씩 살아난다. 나는 영화를 보는 내내 이런 생각이 들었다.

'정상과 비정상은 무엇인가?'

'잘 적응한다는 것이 곧 행복한 삶이라고 말할 수 있을까?'

'사회적 기준이라는 것이 때로 우리를 옥죄고 독립할 수 없게 만드는 것은 아닐까?'

다운증후군 환자는 '장애인이며 비정상'이고 사회적으로 성공한 아리는 '일반인이며 정상'이라고 생각하기 쉽다. 그러나 정상과 비정상을 나누는 것이 무슨 의미가 있을까? 겉으로는 잘 적응하고 그럴 듯하게 살아가지만 삶의 의미를 알지 못한 채 그저 습관적으로 어떤 규율에 휩쓸려 가는 경우라면? 아리가 강박적으로 일상을 관리하던 것이 어느 순간 얼마나 부질없는지 깨달았던 것처럼 말이다.

나아가 그로 인한 부작용은 가까운 관계에서 드러난다. 사회적인 관계에 지나치게 신경 쓰며 눈치를 살피느라 쌓인 피로는 온전히 가까운 사람의 몫이 된다. 상대는 일방적인 화를 받아내다가 지쳐 점점 멀어지게 될지도 모른다. 그러나 불행히도 퍼붓는 사람은 점점 더 받아주는 상대에게 의존한다. 반대로 내 중심 없이 흔들리며 모든 것이 두렵다고 느끼는 사람은 사랑하는 사람마저 자신을 떠날까 봐 너무 두렵다. 집착하고 매달리며 그가 떠나지 않을 수만 있다면 뭐든지 해줄 수 있을 것만 같다. 그러나 그런 의존은 상대를 숨 막히게 해 오히려 떠날 확률을 높인다. 사랑하는 사람에게조차 상처받은 그는 더욱 더 사람에 대해, 세상에 대해 두려워하고 위축된다.

결국 사회적인 기준으로 분류한 정상과 비정상은 허상에 불과하다. 그보다 내 안의 기준이, 내가 나를 어떻게 생각하고 판단하느냐가 훨씬 더 중요하다. 내 감정에 솔직하고 내 욕구를 보살필 수 있을 때 우리는 더 잘 독립할 수 있고 또 상대의 독립을 인정하고 잘 들어줄 수 있다. 그리고 필요에 따라 서로 의존할 수 있다!

: 자신에 대한 믿음을 갖기 :

조금 더 당당해도 괜찮다. 당당히 말했을 때 비난을 받거나 내가 틀린 부분이 있다면 다시 생각해보면 된다. 남의 판단에 따를 필요도 없다. 아무리 많은 경험을 한 사람도 그 경험을 소화한 자기 스스로의 기준에 따라 판단하는 것일 뿐이다. 귀 기울여 듣고 참고할 순 있지만 그것이 진리인 것처럼 반드시 따를 필요는 없다. 책을 읽을 때도 영화를 볼 때도, 어떻게 명문장이 하나이며 명장면이 하나이겠는가. 타고난 기질에 따라, 살아온 경험에 따라 다르게 느끼고 다른 생각을 할 수 있다.

상담자는 인간의 마음을 전문적으로 공부하고 또 많은 사람들을 만나며 경험을 쌓은 사람이지 상담받으러 온 사람(내담자, client)을 평가하는 사람이 아니다. 필자 역시 상담자의 역할을 하면서도 개인적인 판단을 하고 때론 이를 표현하기도 한다. 그러나 그것은 '반드시 옳아서'가 아니라 '나누고 싶어서'이다. 상담자가 내게 거슬리는 말을 했다면 반박하고 대화하면 된다. 그것이 상담의 과정이고 그 자체로 스스로를 알아가는 소중한 기회이다. 상담자는 자기 마음을 알 수 없어 방황하는 내담자를 만나 함께 그의 마음을 탐험한다. 그리고 그 마음을 알게 된 순간, 더 깊이 공감하게 되고 상담자의 반응을 통해 내담자는 자기 자신에게 공감하게 된다. 나를 알고 더 당당해지는 과정, 어쩌면 상담은 의존을 통해 더 당당해지는 시간인지도 모르겠다.

자, 이제부터 내 마음을 한번 들여다보자. 습관적으로, 외부의 기준에 휩쓸려 열심히 하고 있지만 결코 내게 도움이 되지 않는 어떤 행동이 있는가? 그 습관이 오래될수록 그런 행동은 그냥 내 성격인 것처럼 생각되는 경우가 많다. 그러한 행동은 한두 번 안 하면 막연하게 불안하지만, 결국은 해방감을 느끼고 나를 더 자유롭게 할지도 모른다.

분석심리학의 창시자 융(C. G. Jung)의 심리유형론을 바탕으로 만들어진 성격검사, MBTI는 사람마다 타고난 선호 경향성에 따라 성격을 구분한다. 여기서 말하는 '선호경향성'은 '습관'과는 다르다. 편안하고 자연스럽게 하는 행동과 힘들지만 어릴 적부터 습관이 돼서 하는 일(아침에 일찍 일어나는 것이 괴롭지만 늘 같은 시간에 일어나게 되는 것 등)이 다른 것처럼 말이다. 그리고 반복적인 검사를 통해 어린 시절 환경으로 인해 습관이 된 행동과 선호하는 행동을 구분하게 되고 진정한 내 모습, 편안하게 나의 잠재력을 드러낼 수 있는 환경을 찾게 된다.

반대로 내가 원치 않고 내게 별 도움이 되지 않지만 습관적으로 하고 있는 행동을 찾았다면 이는 어떤 두려움, 평가에 의존하고 있는 것이다. 그리고 그렇게 된 배경도 한번 떠올려보자. 어린 시절 수치심에 떨었던 나의 기억과 마주하게 될지도 모르겠다. 다시는 겪고 싶지 않은, 다시는 느껴보고 싶지 않은 그 기억으로 인해 내가 더 자유롭게 더 편안하게 독립할 수 있는 기회를 잃어버린 것은 아닐까? 의존에서 독립으로 가는 과정에서 우리는 잘 길들여진 내가 아닌, 진짜의 나를 찾아야 한다. 그 과정은 때로 아프고 고되지만 그만큼 가치가 있다. 닭장 속에 갇혀 살며 닭처럼 길들여진 독수리도 커다란 날갯짓을 할 수 있는 환경이 되면 본래의 모습을 드러낸다. 독수리인 자체로 빛을 발하게 되는 것이다.

닭과 다른 날갯짓을 자신 있고 당당하게 할 수 있으려면 내가 독수리라는 것을 아는 것, 그리고 독수리가 멋진 동물이라는 것을 알아차리는 것이 첫 번째 단계가 된다. 알았다면 그것을 믿어라. 그리고 낯설지만 끌리는 어떤 도전에 한 발 내딛어라. 도전에는 용기가 필요하다. 용기를 내기 위해서는 미처 몰랐던 나의 장점에 관심을 갖는 것이 도움이 된다. 이 모든 과정이 진정한 나를 찾아가는, '자기 사랑'의 실천이 된다.

: 객관적인 기준이란 없다 :

아무리 예쁘게 화장을 해도 자신감이 없다면 결코 예쁠 수 없다. 미의 기준은 늘 변하고 사람들의 관점은 다 다르다. 수많은 판단들을 살피며 눈치 보느라 위축된 사람이 예뻐 보일 리 없다. 패션의 완성은 얼굴이라고 하지만, 그 말은 틀렸다. 패션의 완성은 자신감이다. 누가 뭐래도 내 모습에 내가 자신이 있고 당당하면 별로라고 판단했던 사람들도 어느 순간 인정할 수밖에 없다. 각자가 개성을 드러낼 수 있다면 그 자체로 세상은 참 다채롭고 재미있지 않을까?

이제 습관적으로 하던 화장을 내려놓아야겠다. 예쁘다고 하는 세상의 기준에 혹하지 말고 내 안의 예쁜 모습을 찾아주어야겠다. 때론 좀 못나 보일 때에도 기분 탓이라고 위로해야겠다. 세상은 이렇게 다른 개성들이, 다른 '나'들이 모여서 서로 의지하며 살아갈 수 있어 살 만한 것 같다. 독립된 나로 의존할 수 있다니! 의지하는 나여도 왠지 괜찮고, 멋져 보일 것 같다.

생각이 너무 많아서
행동이 어려운 당신

대학 때 연애를 잘 못하던 친구가 있었다. 소개팅으로 만나도, 학교에서 자연스럽게 가까워지는 경우여도 시간이 지나면 그의 단점이 너무 극명하게 보여서 어느 정도 이상은 친해질 수 없다는 것이 그녀의 고충이었다. 좋은 사람을 찾는 데에 에너지를 많이 쓴 탓에 너무 지친다고도 했다. 그래서 한동안은 공부에만 전념하며 연애 따위는 잊은 것 같았다. 그러던 어느 날 그녀는 "나도 연애를 좀 해보고 싶다!"고 선언했고 열심히 소개팅을 나갔다. 그리고 나는 그녀에게 매번 소개팅이 끝나면 경과보고를 들었다. 친구의 이야기를 들으면서 이상한 점을 발견했다. 애프터 신청을 받아도 걱정, 아니어도 걱정, 괜찮은 사람이 나와도 걱정, 아니어도 걱정. 온통 걱정투성이었다. 어느 날엔 스멀스멀 짜증이 올라와 '그러려면 대체 왜 사람을 만나냐'고 호통을 쳤다. 그랬더니 그녀의 말이 또 가관이다.

"소개팅이라도 안 하면 사람 만날 기회가 없고, 그러면 계속 연애를 못하게 되고, 그러면 혼자 살게 되고 늙어서 외로워지잖아."

파릇파릇한 대학생이 늙어서 외로울 걸 걱정하며 숙제처럼 소개팅을 하고 있다니…. 그녀에겐 다른 동기(動機)가 필요해 보였다. 연애를 꼭 하고 싶은 이유 말이다. 그리고 걱정을 접고 일단 사귀어봐야 했다. 경험이 없으니 생각만 많아지고 그 생각들은 대부분 걱정이 되어 그녀를 또 한 번 망설이게 만들고 있었다.

: 생각이 만들어 내는 마음의 병 :

수많은 마음의 병은 생각이 만들어 내는 부정적인 감정에서 출발한다. 알 수 없는 미래를 생각하며 불안해하고 이미 지나온 과거에 대해 후회하며 자책하고 우울해한다. 그러나 분명한 것은 오직 현재뿐이다. 지금 내가 어디에 있고 무엇을 하고 있으며 무엇을 할 수 있는지, 그것만이 내가 다룰 수 있는 유일한 것이다. 따라서 과거나 미래에 대한 생각으로 인해 생기는 걱정은 그저 우리가 만들어낸 공상일 뿐인지도 모른다. 물론 그 사실을 안다고 해도 걱정이 쉽게 사라지지 않는다. 내가 작정하고 생각을 하는 것이 아니라 어느 순간 불쑥, 끼어드는 생각들이 대부분이기 때문이다. (물론 안 좋은 생각을 해야 잘 된다는 징크스를 가졌다면 작정하고 생각을 할지도 모르겠다.)

이런 부정적인 생각은 태어나 자라온 과정에서 생겼을 가능성이 크다. 부모님의 잦은 갈등 상황 속에서 두려움에 떨었던 사람은 어떤 생각을 마음 깊이 간직하게 될까? '결혼은 불안정한 제도이다', '두 사람이 함께 산다는 것은 위험하다', '갈등은 해결될 수 없다' 등의 생각에서부터 '사람은 믿을 수 없다'라는 신뢰의 문제로까지 번질 수 있다. 그리고 이런 생각들은 관계를 맺는 데에 부정적인 영향을 끼친다. 앞서 언급한 친구의 사례처럼 일단 걱정부터 하게 된다. 믿음이 없으니 의심이 자라고 그 과정에서 오만가지 생각이 드는 것은 당연하다. 또 생각을 많이 하게 되면 결국 부정적인 생각으로 빠질 수밖에 없다. 그것이 인간의 본능이다.

긍정적인 것이 기본 모드라면 '긍정심리학'이라는 상담이론이 생기지 않았을지도 모른다. 긍정심리학은, 평소 부정적으로 치우친 인간의 마음에 균형을 잡기 위한 것으로 긍정적인 면을 찾아보자는 것이다. 결국 나를 보호하고 싶은 개인들은 자연스럽게 부정적인 생각 쪽으로 기울어 불안에 대비하고자 한다. 어쩌면 상담은, 그 생각의 꼬리를 자르는 것이다. 혼자 생각을 키우며 점점 더 부정적인 생각으로 빠져들고 당장 대비할 수 없는 상황에서 걱정만 키울 때, 그것을 말로 표현하고 객관화시키는 작업이 필요한 것이다. 상담자는 좋은 질문을 통해 걱정이 그저 공상일 뿐이라는 것을 확인시킨다. 나아가 과거의 상처로 인해 마음속에 새겨진 문장들을 찾아내고 상처를 치유하며 애도하는 시간이 필요할 수도 있다.

과거의 상처와 더불어 완벽주의적인 성향은 행동을 미루게 하고, 때로 우리를 생각 속에 가둔다. 일에서도, 관계에서도 실수하고 싶지 않고 완벽하게 해내고 싶다면 행동을 하기 이전에 더 많은 생각을 하게 될 것이다. 한번 부딪쳐보면 될 걸, 인터넷으로 검색하고 사람들에게 묻고 이럴까 저럴까 걱정하느라 시간과 에너지를 소모한다. 그러나 어떤 일들은 반드시 시행착오를 거쳐야 하는 것이 있다. 소개팅을 해서 만난 상대가 어떤 사람인지 알려면 몇 번 더 만나봐야 한다. 그의 첫인상과 몇 가지 태도에 대해 친구와 아무리 이야기하고 탐색

해도 제대로 알 수 없다. 그와 나와의 관계에 대한 답은 그 안에서 얻어야 하는 것이 옳고 그렇다면 만나는 수밖에 별다른 도리가 없는 것이다. 일에서도 마찬가지이다. 선배에게 조언을 구할 수는 있지만, 그래서 멘토가 있었으면 하고 바라지만 내 일을 대신해줄 수는 없다. 선배의 성향과 내 성향이 똑같지 않고 각자에게 맞는 스타일이 있는 법이다.

많은 실용서적들은 이렇게 의존하고 싶은 마음, 주저하며 행동하지 못하는 마음을 타기팅으로 만들어지는 것 같다. 때로 육아책도 마찬가지다. 물론 전문가가 들려주는 보편적인 이야기, 이상적인 방법 등을 아는 것은 유익하다. 그러나 책에 나온 이야기들을 그대로 내게 적용해서 따르는 것은 오히려 위험하다. 그런 면에서 실용서는 융통성 있게 내 상황에 맞춰 행동하는 것을 방해한다. 자녀문제로 상담을 받고자 하는 많은 부모들이 육아책에서 읽은 내용을 말하며 어려움을 호소한다. 어떻게든 기를 꺾어야 한다는 생각에 텔레비전에서 본 대로 아이를 통제하려다가 서로 상처가 되었다는 이야기도 한다. 일련의 이야기를 가만히 듣다 보면, 문제는 융통성 없는 부모의 태도라는 생각이 든다. 육아관련 책을 읽지 않고 무지해서 겪는 갈등도 있지만 읽은 대로 실천한다는 강박관념에 내 아이가 지금 이 순간 무엇을 느끼고 있는지, 이 행동의 의미가 무엇인지 파악하는 것을 놓치기도 한다. 차라리 아무 것도 모르는 순수한 상태에서 아이를 잘 관찰하는 것이 낫다. 관심을 주고 바라보는 동안 내 아이의 특수성을 파악하게 되고 맥락 속에서 문제 행동의 원인을 알게 될 수도 있다. (물론 이것 역시 부모의 성향에 따라 다르다. 필자의 말 역시 절대적으로 믿어서는 안 된다!)

: 답은 내 안에 있다 :

조금 더 행동해도 괜찮다. 그리고 무언가에 의존해야만 행동할 수 있다는 생각을 버려라. 내 삶에서의 모든 답은 내 안에 있는지도 모른다. 우리는 그 답을 끄집어내기 위해 관계를 맺고 대화를 하며 책을 읽고 조심스레 경험으로 뛰어든다. 그렇게 보면 책을 선택하는 것도 내 마음이고 누군가를 만나 조언을 구하는 것도 내 마음이다. 어느 누구도 주관이 없는 사람은 없다. 완벽하게는 아니지만 어느 정도 결정된, 기울어진 내 마음에 힘을 싣기 위해 우리는 책을 보고 조언을 구한다. 결국 내 마음의 소리를 듣는 과정이며 그 결과는 내 책임이다. 누군가에게 책임을 떠넘기는 것은 그 순간 조금 가벼울지 몰라도 부정적인 결과에 대해, 그를 원망하는 것 말고는 도리가 없어 무력감에 빠지게 된다. 무력감에 빠진 나는 의존이 더 필요해지며 수동적으로 끌려가듯 살게 될지도 모른다. 그리고 그 자체로 삶에 대한, 스스로에 대한 죄책감에 빠져 마음의 병을 키우게 될 수도 있다.

중학교 때 '파트리크 쥐스킨트'라는 작가의 소설에 빠져 그가 쓴 모든 소설을 찾아 읽었던 기억이 난다. 당시 내가 존경했던 수학 선생님이 수업 시간에 잠깐 언급한 작가라는 이유로 이미 그 작가는 매우 훌륭한 작가이며 내 마음에 들 것이라고 확신했다. 그 시절 그 수학 선생님의 말씀이 얼마나 절대적이었는지 생각해보니 필자 역시 방황하던 청소년기에 의존할 대상이 절실했었나 싶다. 어쨌거나 그 중 〈깊이에의 강요〉라는 단편소설은 오래도록 마음에 남아 있다.

내용은 이렇다. 소묘를 잘 그리는 젊은 화가가 전시회를 열었다. 그리고 전시회에 다녀간 한 평론가의 비평이 신문에 실린다.

'그녀의 작품들은 첫눈에 많은 호감을 불러일으킨다. 허나, 애석하게도 그것들은 깊이가 없다.'

화가는 깊이가 없다는 말에 대해 깊은 상념에 빠진다. 그 후 그림도 그려지지 않자 그녀는 평론가의 말을 진리처럼 믿게 되고 결국 스스로 목숨을 끊게 된다. 한 사람의 평가가 누군가를 죽음으로 몰고 간다는 그 이야기는 매우 충격적이다. 과장된 묘사가 있었겠지만 어쩌면 우리 사회에서 일어날 법한 일인 것 같다. 실제로 죽지는 않더라도 누군가의 말로 상처받은 사람은 마음에서 자라는 어떤 씨앗이 죽어버릴 수도 있다. 그런 면에서 '죽음'의 설정은 어떤 상징과도 같다.

주인공인 화가는 평론가에게 따져 물을 수도 있었을 것이다. 혹은 그저 쿨하게 '이런 평가도 있군!'이라며 무시했을 수도 있다. 그러나 그녀는 평론가의 한마디에 의존해 자책하고 좌절하며 생을 마감하게 되었다. 위기의 순간에 적극적으로 무언가를 해보았다면 어땠을까? 물론 그녀는 새로운 그림을 그리려고 시도했으나 잘 되지 않는다. 그렇다면 누군가에게 도움을 청했다면? 내 작품이고 내 삶인데, 너무 수동적으로 방치해뒀던 것은 아닐까?

: 행동의 변화가 이끌어내는 마음의 변화, 그리고 삶의 변화 :

생각, 감정, 행동은 연결되어 있어서 하나만 바뀌어도 모두 영향을 미칠 수 있다. 그리고 그 중 어떤 것에 초점을 맞춰 변화의 실마리를 찾느냐에 따라 다양한 심리치료 이론이 소개되기도 한다. 왜곡된 생각을 객관적으로 바꾸는 것을 '인지치료'라고 한다면 감정을 잘 느끼고 그 이면의 좌절된 욕구를 찾는 것, 그로 인해 스스로를 깊이 공감하는 것은 '정서중심치료' 혹은 '욕구중심치료'라고 말할 수 있을 것이다. '행동치료'는 행동을 바꿔 나의 생각과 감정을 변화시키려는 것인데 두려운 상황을 일단 경험해보면서 두려움을 낮추는 것이다.

발표불안이 심한 사람은 안전한 상황에서의 연습부터 시작해 차차 어려운 발표까지 도전해본다. 비행기 타는 것이 곤란한 사람은 아주 가까운 거리부터 비행기를 타는 시도를 해본다. 웃으면 신경세포가 착각을 일으켜 잠시나마 행복감을 느낄 수 있다는 것도 비슷하다. 어떻게든 용기를 내서 일단 해보면 나의 생각이 얼마나 부풀려진 것이었는지, 그 생각으로 인해 걷잡을 수 없었던 불안한 감정이 점차 가라앉는 것을 경험하게 된다. 이처럼 행동은 그 자체로 우리를 변화시킬 수 있다.

적극적인 마음을 갖고 용기를 내는 등 무언가를 행동으로 옮기는 것은 쉽지 않지만 그 결과는 생각보다 강력하다. 무언가를 해보지 못한 채 생각을 키우다가, 여기저기 의존해서 묻고 알아보면서 너무 지쳤다면 '까짓 거 이렇게 너덜너덜해지느니 그냥 해보고 말지!'라고 생각해보자. '그래봤자 회사에서 잘리기밖에 더 하겠어?'라고 배짱을 키워보자.

내 삶의 주도권을 내가 갖는 일은 생각보다 쉽고 그 이상으로 중요하다. 불안할 때 묻고 일단 해보는 것, 어쩌면 단순한 행동들이 내게 주는 자잘한 성취감들로 우리는 또 하루를 버틸 수 있는지도 모르겠다. 나의 소중한 시간들을 두 번 세 번 생각하며 부정적인 감정을 키우는 데에 쓰겠는가? 아니면 그냥 한번 해보고 홀가분해지겠는가? 내 삶의 중요한 결정들을 누군가의 판단에 맡기고 방치할 것인가? 스스로 선택하고 책임질 것인가?

: 제

4

장 :

영화와 음악으로 풀어본 '의존'에 대한 고찰

〈캐롤〉,
사랑을 시작할 때의 조건

영화는 영상을 통해, 음악과 대사들로 삶에 대해 말한다. 그래서 영화를 보는 많은 이들이 흥미를 넘어선 무언가를 얻고 각자의 삶에 녹이기도 한다. 의존에 관한 메시지도 영화에서 그 해답을 찾을 수 있지 않을까?

"사랑이 뭐예요?"

상담 도중에 이런 질문을 받았다. 당황스러운 마음 한편에 호기심이 생겼다. 마치 사랑이란 것을 처음 생각해보는 것 같았다. 누군가를 사랑한다는 건 분명 호감 이상의 무엇일 거다. 순간적으로 누군가에게 끌릴 수 있지만 그것을 사랑이라고 하지는 않는다. 국어사전을 찾으니 이렇게 나온다.

'어떤 사람이나 존재를 몹시 아끼고 귀중히 여기는 마음. 또는 그런 일'

감정의 단어가 아니라 마음의 단어구나! 그렇다면 지속성이 포함되어야 할까? 끌리는 감정이 마음이 되기까지는 시간이 필요할 것 같다. 또 사랑한다고 하면 적극적인 행동의 언어도 포함시켜야 할 것 같다. 우연에 이끌려가거나 운명이라고 받아들이는 것이 아니라 내가 그를 좋아하는 만큼 아끼고 귀중하게 여기는 일이니 말이다. 호감을 갖게 된 상대에게 시간이 지나면서 마음을 키우게 되고 자라난 마음만큼, 우리는 그렇게 사랑을 한다.

그렇다면 '의지하다, 의존하다'라는 것은 사랑의 결과일 수 있지만 필요조건일 수는 없겠다. 내가 의지하고 싶은 사람이, 의지할 수 있는 상대가 곧 사랑하는 사람은 아니라는 것이다. 어쩌면 사랑은 선택과 집중, 그리고 책임의 뜻이 포함된 독립의 과제인지도 모르겠다. 누군가를 사랑한다는 것은 이제 내가 누군가를 사랑할 수 있는, 내 마음을 알고 책임질 수 있는 성인이 되었다는 증거가 될 수 있다. 그러고 보면 사랑은 또 너무 무거워진다. 미숙한 채로 하는 사랑은 사랑이 아니라고 말한다면 너무 거창해진다. 나도 모르게 사랑한다는 말이 나왔다면 그건 사랑이 아니라고 해야 할까? 그렇게 따지고 들면 사랑이라는 단어가 주는 신비로운 파장이 순식간에 사라지는 것 같아 아쉽다. 분명한 건, 시작이 어땠건 사랑은 우리에게 큰 의미로 남는다는 것이다.

어쩌면 독립은 사랑을 시작할 때의 조건이 아니라 사랑이 끝날 때 얻게 되는 결과물인지도 모르겠다. 토드 헤인즈 감독의 2016년 영화, 〈캐롤〉은 아름다운 두 여주인공을 통해 사랑이 무엇인지 말한다. 아름답고 우아한 화면 속에 의존과 독립이라는 의미심장한 주제를 담아냈다. 덕분에 우리는 아련한 영상을 바라보며 찰나의 사랑이지만 그저 스치듯 지나가는 사랑이 아닌, 묵직함과 가벼움을 동시에 체험하며 사랑을 생각하게 된다.

: 첫 만남, 끌림의 과정 :

테레즈(루니 마라 분)는 백화점 점원이고 캐롤(케이트 블란쳇 분)은 남편과 이혼을 준비 중인 중년부인이다. 딸 아이 크리스마스 선물을 고르는 캐롤을 바라보는 테레즈의 눈빛은 호기심과 감탄, 애틋함과 두려움이 뒤섞여 있다. 둘은 눈이 마주치고 테레즈는 딸의 선물을 골라준다. 캐롤이 두고 간 장갑을 테레즈가 전해주며 둘의 만남은 시작된다. 뭔지 모르게 끌리는 두 여성은 조심스럽지만 대범하게 서로에게 다가간다. 어린 테레즈에게는 리차드라는 애인이 있다. 리차드는 그녀에게 적극적으로 구애하지만 테레즈는 그저 웃기만 할 뿐 대체로 시큰둥하다. 그가 싫은 것은 아닌데 딱히 좋지도 않은 것 같다. 어쩌면 둘 중 어떤 것도 선택하고 싶지 않다는 듯 그를 만나고 서로의 일상을 공유한다. 딱 잘라 거절하는 것도 없지만 관심을 갖고 뛰어드는 일도 없는 테레즈의 삶은 건조하다.

반면 캐롤은 의사표현이 분명하다. 어린 딸 린디를 극진히 사랑하지만 남편은 사랑하지 않는다. 아마도 오랫동안 곪아온 상처가 있는 것 같다. 10년의 결혼생활을 이제 그만두려는 그녀의 태도는 매우 단호하다. 그런 그녀에게 테레즈는 신기하고 순수해 보였던 것일까? 레스토랑에서 처음 만나 음식을 주문하는 장면에서 이러한 둘의 성향을 극명히 보여준다. 테레즈는 그저 캐롤의 모든 것을 따라한다. 테레즈의 애써 다르게 행동하지 않는 순수함이 사랑스럽다.

때로 우리는 상대의 미숙한 면에 끌린다. 그래서 우리의 미숙한 마음, 누군가에게 기대려 하는 의존은 사랑을 시작하게 만드는 건지도 모르겠다. 물론, 끌리는 마음이 곧 사랑이 아닌 것처럼 의지하려는 것이 사랑은 아니지만 말이다. 의존은 인간의 나약함을 인정하는 겸손이고 상대에게 자리를 내어주는 존중이며 기꺼이 빈틈을 보여주겠다는 호감의 표현이기도 하다. 테레즈는 그렇게 캐롤을 사로잡았다. 캐롤은 매순간 신중하게 결정하고 그 선택이 끼치는 영향력에 흔들리면 안 되는, 삶의 무게에 짓눌려 있다. 그런 캐롤에게 테레즈는 신선한 자극이 되었는지도 모른다. 어느 누구도 중요한 결정 앞에서 늘 확고할 수는 없다. 인간의 마음은 잘 변하고 능력이라는 것도 상황에 따라 바뀔 수 있다. 따라서 우리는 늘 불안 속에서 무언가를 선택한다고 해도 과언이 아니다. 확실한 것은 없으니까.

그럼에도 불구하고 유독 단호한 태도로 내 갈 길을 가겠다는 사람들은 불안을 억제하느라 또 다른 불안을 키우게 되기도 한다. 내 불안한 마음이 들통 날까 두렵기 때문이다. 이 복잡한 마음은 어떻게 다스릴 수 있을까? 캐롤은 아무것도 묻거나 따지지 않으며 그저 자신을 따르는 테레즈에게 기대 힘을 낼 수 있었던 건 아닐까? 결국 미숙한 인간은 그 미숙함이 주는 매력을 미끼로 서로에게 끌린다. 그리고 우리는 성장한다. 어쩌면 그래서 사랑은 변하는지도 모른다. 문제는 '어떻게 변하느냐'이다. 더 깊어질 수도 있고 실망하며 떠나갈 수도 있다.

: 관심을 갖고 사랑하게 되는 일 :

상대가 어떤 사람인지 알고 싶을 때, 쉽게는 직업을 묻는다. '뭐 하는 사람이지?'라고 생각하는 것은 꼭 세속적인 의미에서가 아니라 그를 알고 싶다는 관심의 표현이다. 그래서 사람들은 내가 원하는 일을 하지 못할 때, 내 가치관과는 전혀 다른 일을 직업으로 가졌을 때 자괴감을 느끼기도 한다. 그러나 직업은 자기 계발의 기회이기 이전에 생계수단이며 그저 하나의 역할일 뿐이다. 따라서 직업 그 자체로 사람을 판단하면 곤란하다.

캐롤은 테레즈에게 묻는다. 무엇을 좋아하는지, 무엇을 하고 싶은지. 테레즈는 사진 찍는 것을 좋아하고 열심히 찍는다. 다만 사람을 찍는 것이 두려워 늘 풍경과 사물만 찍었다. 그리고 캐롤을 만나 처음으로 사람을 클로즈업한 사진에 '도전'하게 된다. 사진을 찍는 것은 피사체에 대한 지극한 관심 없이는 잘 찍기 어려운 과제이다. 피사체가 사물에서 사람으로 옮겨 왔다는 것은 테레즈의 관심사가 변하고 있다는 증거이기도 하다. 어쩌면 인간에게 거리를 두고 있던 테레즈는 캐롤을 통해 조금씩 사람에게 다가간다. 그만큼 자기 자신에게도 다가간다. 재능을 발견하고, 좋은 것을 좋아하며 싫은 것엔 화를 내기도 한다. 캐롤의 크리스마스 여행 제안에 동의하는 모습은 이전처럼 그대로이지만 그녀는 이전과 다르게 적극적이며 결의에 차 있다.

거절하지 못하고 행동하지 못했던 테레즈는 매우 의존적이었다. 순수하고 예쁘지만 마치 존재하지 않는 사람처럼 대상을 따라다녔다. 다행히 그녀는 그런 자신의 모습을 알아차린다. 누군가를 사랑하게 되는 일은 자기의 모습을 자각할 수 있다는 측면에서 매우 귀한 경험이다. 상대방에게 관심을 두는 만큼 인간을 새롭게 바라보게 된다. 그립고 애타는 만큼 서운하고 야속해 마음을 끓이는 동안, 그 다양한 감정의 주인인 나를 다시 한 번 보게 된다. 때론 사랑하는 이의 눈치를 살피는 것이 내 모습을 점검하는 계기가 되기도 한다.

캐롤과 테레즈가 여행하는 동안, 숙소 거울을 통해 둘의 모습이 동시에 비춰지는 장면이 인상적이다. 단순한 끌림으로 지나치지 않을 수 있는 이유는 서로를 거울처럼 바라보게 되는 과정이 있기 때문 아닐까? 그렇게 서로는 더 깊이 알게 되고 더 나와 동일시하게 되어 '몹시 아끼고 귀중히 여기는 마음'이 생기는지도 모르겠다. 사랑이란 단어의 정의처럼 말이다.

: 어떤 상황에서도 나는 당신을 돕고 싶다 :

우연히 캐롤의 트렁크를 보게 된 테레즈는 권총을 발견하고 당황한다. 상대의 위기에 차분해질 수 있다는 건 그만큼 사랑한다는 증거일까? 권총을 확인한 후 캐롤을 대하는 테레즈의 태도는 이전보다 더 힘이 있어 보인다. 그녀는 말한다.

"두려운 게 있고 도울 게 필요하다면 말해줘요."

부드럽지만 단호하게 나에게 기대라고 말하는 테레즈는 더 이상 미숙한 소녀 같지 않다. 나도 두렵지만 당신을 위해서라면 기꺼이 힘을 보태주겠다며 마음을 활짝 열었다. 캐롤이 실제로 도움을 청할 수 있는 상황인지, 테레즈가 정말 도움이 될지는 별로 중요하지 않다. 중요한 건 그런 마음이다. 어떤 상황에서도 나는 당신을 돕고 싶다는, 도움이 되는 존재이고 싶다는 강한 열정 같은 것이 사랑을 더 풍성하

게 한다. 그리고 그렇게 열린 마음을 통해 함께 할 수 있는 기회가 많
아져 사랑은 더 깊어진다.

의존하고 싶은 마음이 자주 든다고 하지만, 늘 그런 마음만 있는
것은 아니다. 의존과 독립은 인간이라면 누구나 갖고 있는 보편적인
욕구라서 독립하지 못할 때 드는 감정은 누구에게나 비슷한 좌절이
된다. 어쩌면 의존을 내려놓고 독립을 선언하는 일은 나의 또 다른 욕
구를 충족시키려는 새로운 도전이 된다. 그리고 그만큼 내게 큰 기쁨
을 준다. 어쩌면 그래서 테레즈는, 그리고 우리는 두려움 속에서도 한
번쯤은 허세를 부려보는지도 모른다. "내가 도와줄게!"라는 한마디가
나를 무겁게도 하지만 동시에 나를 더 괜찮은 사람으로 만든다는 것
을 알기 때문이다. 작은 마음을 활짝 열고 힘을 내보는 것. 무모하게
나를 믿어보는 시도가 내게 정말 힘을 줄지도 모른다. 일단 마음을 열
면, 더 많은 가능성을 볼 수 있게 되기 때문이다.

: 우연이란 건 없다 :

캐롤은 테레즈와의 여행이 문제가 되어 양육권을 포기해야 하는 위
기에 처한다. 다급해진 그녀는 테레즈를 친구에게 맡기고 떠난다. 버

림받은 테레즈는 의심과 분노, 슬픔에 휩싸여 아무것도 할 수가 없다. 그리고 친구가 건네준 캐롤의 편지를 받은 후부터 그녀는 그리움 속에서 홀로 설 준비를 한다. 캐롤의 편지는 단순하고 또 복잡하다. 우리는 서로 해야 할 일이 있고, 시간이 지나면 알게 될 것이라는 말. 기다려달라는 말도 미안하다는 말도 없다. 그 와중에 이 말이 긴 여운으로 남는다.

'우연이란 건 없어요.'

어쩌면 이 한마디로 캐롤은 테레즈에 대한 사랑을 표현했는지도 모르겠다. 자신의 의지로 함께하기를 결정했고 서로를 받아들였다는 것은 책임을 회피하지 않겠다는, 기꺼이 그 무게감을 안고 가겠다는 마음을 담고 있다. 이 아름다운 말처럼, 캐롤은 양육권 문제를 합의하는 자리에서 당당히 자기를 말한다. 자신을 부정하는 것은 딸에게도 나쁠 것이라면서 결코 숨기거나 숨지 않는다. 포기할 건 포기하고 주장할 건 똑바로 주장하며 위기의 상황에 맞서 싸우는 캐롤은 사랑으로 힘을 얻은 것일까? 한편, 사진 찍는 일로 포트폴리오를 만들고 새롭게 취직한 테레즈는 처음으로 홀로서기를 시작하는 것 같다. 그 모습 역시 멋져 보인다.

사랑은 찰나의 이끌림이기도 하고 지속되는 감정을 바탕으로 생기는 애틋한 마음이기도 하다. 더불어 서로를 돕고 싶어 기꺼이 마음을 여는 적극적인 행동이기도 하며 미숙한 나를 더 성장시키는 도전이기도 하다. 이 복잡한 감정과 행동의 의미를 한 단어에 담을 수 있다니, 새삼 '사랑'이란 말이 더 아름답게 보인다. 그러니 더 잘 써야겠다고 더 소중하게 간직해야겠다고 생각하게 된다. 우리의 나약함은, 의존의 마음은 사랑의 시작이 된다. 그리고 그것을 유지하고 성장시키는 과정에서 우리는 독립이라는 삶의 과제를 자연스럽게 풀 수 있게 된다. 결국 해법은 사랑인지도 모르겠다.

〈보이후드〉,
과거는 우리에게 어떤 의미일까?

갑작스럽게 이사를 하게 됐다. 짐이야 포장이사에서 싸준다고 해도 그 전에 정리를 해야 했다. 고작 3년을 살았을 뿐인데 그간 새로 생겨 짐이 된 것들도 많았다. 더불어 오랫동안 끌고 다니던 것들을 이제 처분하고 싶어 작정하고 '버리기'를 시작했다. 최근 몇 년 간 한 번도 입지 않은 옷들을 버렸다. 버리면서도 '이거 거기서 샀었는데 그땐 왜 예뻐 보였을까?'라는 후회부터 '이거 그때 입었었지'라며 옷과 관련된 추억에 잠기느라 짐 정리 진도가 잘 나가지 않았다.

책도 300권쯤 버렸다. 중고서점에 가져가니 그 과정이 또 재밌다. 일단 책의 상태에 따라 등급을 나눈다. 그리고 등급별로 가격을 정하는 과정에서 인기에 따라 가격이 달라지고 재고가 많아 그냥 버려지기도 했다. 오랜 세월 동안 내가 좋아했던 책, 펼쳐보지도 않은 책, 선물로 받은 책 등이 팔려나가고 버려지는 것을 보면서 과거의 사건들이 파노라마처럼 스쳐갔다. 나는 지금 버리고 있는데 잊었던 기억들이 살아나 내 마음 한쪽 공간을 메워갔다. 왠지 마음이 무거워지는 것 같았다. 고마운 기억에 가슴이 따뜻해지기도 했지만 우울한 기분이 들기도 했다.

과거는 우리에게 어떤 의미가 있을까? 이사를 가며 짐을 정리할 때마다 느끼는 거지만 우리는 추억이 담긴 물건을 잘 버리지 못한다. 그저 물건을 버리는 것일 뿐인데도 좋았던 시간마저 버리는 것 같아 마음이 복잡해진다. 기억은 언제든 떠오르기도 잊히기도 하는데 말이다. 뭐, 그럴 수도 있다. 소중한 기억은 자주 되살릴수록 좋고 이를 위한 매개체가 되는 물건이라면 내게 소중한 것이니까. 그런데 한편으로는 그런 기억을 떠올리는 것이 무슨 의미가 있을까 싶기도 하다. 심리 상담에서 과거의 상처들 혹은 좋았던 기억을 말하도록 하는 것은 현재의 증상을 더 잘 이해하고 치유하기 위한 과정이지, 과거 그 자체가 중요해서가 아니다.

이미 내가 살았던 시간들을 돌아보는 일은 현재가 불만스럽거나 어떤 선택을 해야 할 때, 미래에 대한 막연한 불안감에 휩싸여 더 이상 앞으로 나아가지 못할 때 내게 자신감을 주고 해결의 실마리를 찾아주는 역할을 한다. 혹은 과거에 매어 있는 내 마음에 자유를 주기 위해 과거를 집중적으로 살펴보기도 한다. 무엇이 이토록 나를 붙잡고 있는지 알게 되면 내려놓을 수도 있기 때문이다. 이처럼 과거는 그 것을 기억하는 현재가 있기에 소중하다.

2014년에 개봉해 화제가 되었던 영화, 〈보이후드〉는 과거를 현재인 채로 고스란히 스크린에 담았다. 12년 동안 1년에 한 번씩 만나 촬영하며 그 시절을 그대로 담았으니 현재의 이야기이다. 그리고 12년 후에 개봉되어 성장한 주인공으로 끝난 스토리는 과거의 이야기이기도 한 것이다. 이 어마어마한 영화를 통해 우리는 한 아이가 성장하는 과정을 생생하게 체험하며 공감하게 된다. 또한, 어린 시절의 의존이 어떤 과정을 통해 독립으로 가는지도 볼 수 있다.

: 시련, 묵묵히 따르고 불만을 삼키다 :

어린 메이슨은 누나, 그리고 엄마와 함께 산다. 엄마와 아빠가 왜 이

혼했는지 알 수 없지만 엄마는 두 아이를 잘 키우기 위해 홀로 애를 쓰고 있다. 그녀는 야무지고 친절한, 꽤 괜찮은 엄마이다. 아이들을 더 좋은 환경에서 키우기 위해, 그리고 안정적인 직장을 구하기 위해 열심히 살아간다.

그 과정에서 아이들이 겪어야 할 시련과 이에 대처하는 엄마의 태도가 그저 조금 안타까울 뿐이다. 학교에 다니며 일도 해야 했던 엄마는 친정 엄마가 사는 지역으로 갑작스럽게 이사를 한다. 하루 전에 상황을 전해 들은 두 아이는 친구들과 작별인사를 할 새도 없다. 그 와중에 투덜대며 친구들과 끊임없이 전화하는 누나와 달리 메이슨은 불만을 삼키며 엄마 말을 따른다. 메이슨을 찾는 전화를 매몰차게 끊어버리는 누나의 행동도 그저 안타깝게 바라볼 뿐이다. 아마도 아쉬운 채로 떠나보내는 법을 배우는 중인 것 같다. 메이슨은 새로운 환경에서도 곧잘 적응하는 것처럼 보인다. 순하고 소극적인 아이이지만 주변 사람을 끄는 매력을 타고났다. 적당한 거리에서 적당히 어울리며 조금씩 성장해간다.

우리는 누구나 갈등을 겪으며 살아간다. 부모의 이혼, 잦은 이사와 같은 큰 사건도 있고 친구와 싸운 일 등 일상적인 위기 상황들도 있다. 완벽한 엄마가 없는 것처럼 완벽한 환경도 없고 또 위기 없이 자라는 것이 꼭 좋은 것만은 아니다. 중요한 것은 그럼에도 불구하고 그 위기 상황들을 어떻게 지내왔냐는 것이다. 성격은 타고난 기질과 함께 환경과의 상호작용을 통해 완성된다. 여기서 환경이란 부모, 형제, 교사, 친구 등 주변 사람들을 포함한다. 메이슨은 워낙 순하고 내향적인 아이였을 수 있다. 반대하고 갈등을 일으키기보다는 일단 상황에 순응하며 천천히 생각하는 유형일 수 있다. 그러나 마음속에 일어나는 불만은 바로바로 표현하는 누나와 다를 바 없었을 것이다.

문제는 바로 표현하지 않았을 때 그를 기다려주고 격려해주는 사람이 없다는 것이다. 혼자 두 아이를 돌보며 공부하고 돈을 벌어야 했던 엄마가 그 역할을 해주기란 어려웠을 거다. 메이슨은 첫 번째 시련을 그저 삼킨 후 아무도 기다려주지 않는 상황에 대한 불만까지 안은 채 점점 세상과 벽을 쌓아갔을지도 모른다. 시련의 반복 속에서 어떻게 대처하느냐는 하나의 패턴을 만들고 그것이 결국 성격이 된다. 다행인 건, 환경의 영향을 받은 성격은 같은 이치로 환경의 영향에 따른 변화의 가능성도 열려 있다는 것이 아닐까?

: 폭력적인 관계, 거리를 두고 사진을 찍다 :

부모의 이혼이 메이슨의 인생에서 가장 큰 시련이었을 것이다. 그럼에도 불구하고 힘 있는 엄마가 그를 잘 보살피고 있으며 아빠와도 정기적으로 만난다. 두 사람 모두 아이를 극진히 사랑하고 있다는 것은 메이슨에게 자원이 된다. 두 번째의 큰 시련이라면 앞서 언급했던 이사가 아닐까? 작별인사도 애도 과정도 없는 단절의 반복은 세상에 대한 두려움을 고스란히 홀로 견뎌야 하는 부담으로 남는다. 다행히 표면적으로는 잘 적응하는 메이슨은 큰 일탈 없이 주어진 길을 간다. 그러나 안타깝게도 세 번째의 시련이 기다리고 있었다. 바로 새 아빠(들)의 폭력(들)이다. 엄마는 두 번 재혼하고 두 번 실패한다. 친아빠와의 결혼까지 합하면 세 번의 실패인 셈이다. 엄마는 자유로운 영혼의 아빠를 사랑했지만 책임감 없는 행동에 실망하고 아이들을 혼자키우기로 마음먹었던 것 같다. 그만큼 책임감 있고 아이에게 잘 해줄 수 있는 사람을 만나고자 했을 것이다. 그리고 그럴 듯한 모습에 속아 폭력적인 남자들과 재혼하는 비극에 이른다. 어린 자녀는 엄마가 선택한 상황에 의존할 수밖에 없다. 메이슨은 비극 안에서 어떤 성장의 동력을 찾게 될까?

메이슨은 사진을 찍는다. 아마도 갈등에 대처하는 새로운 방식을 터득한 것 같다. 불만을 삼키고 입을 다무는 것 말고 거리를 두고 관찰하는 것. 다행히 메이슨은 재능이 있다. 정해진 규칙을 따르지 않고 학교에서 혼이 나지만 사진을 찍는 일만큼은 마음가는 대로 자유롭게 하고 싶다. 교사의 지적 등 그 안에서 겪는 갈등은 어쩌면 더 단단해지는 계기가 될 수도 있다. 허용적인 환경에서 자유롭게 자라는 재능만큼이나 작은 갈등들 속에서 반항하며 단단해지는 재능도 의미가 있다. 단, 사소한 시련들을 뚫고 나가기 위해서는 힘이 필요하다. 메이슨에게 그 힘은 가족의 존재와 지지였다. 어느새 친아빠 역시 새 가족을 만들고 메이슨에게 또 다른 엄마와 또 다른 형제가 생긴다. 그렇다고 메이슨과 아빠의 관계가 크게 달라진 것 같지는 않다. 여전히 정기적인 만남에서 어느 정도의 일상을 나눌 수 있으며, 내게 관심을 두는 부모의 마음을 느낄 수 있다. 때에 따라서는 중요한 사건(사랑에 빠진일)에 대해 이야기하기도 한다.

메이슨의 가족은 비록 완벽하지 않았지만 그럭저럭 괜찮았다. 부모는 이혼했지만 둘 다 그의 곁에서 각자의 역할에 최선을 다하며 존재했다. 엄마는 그의 마음까지 알아주고 챙겨주지 못했지만 기본적인 필요를 충족해주기 위해 애썼다. 잦은 이사, 의붓아버지의 폭력 등 큰 시련이 있었지만 결국은 아이들을 보호할 수 있었다. 아빠 역시 본인의 삶을 위해 떠났지만 아이들을 사랑하는 만큼 표현할 줄 알았다.

불안정한 상황 속에서도 아이들에게 부담을 주지 않는 선에서 솔직했다. 새 식구를 소개하고 함께하는 과정도 자연스러웠다. 그리고 엄마도 아빠도 메이슨이 좋아하는 일을 인정하고 지지했다. 시련이 있지만 보호막이 있고, 스스로 해결할 틈이 있으며 더불어 그 방식을 존중받을 수 있다면 독립할 수 있는 힘은 충분히 자란다.

: 자유롭고 당당하게 홀로 서다 :

고등학교를 졸업하는 메이슨은 사랑에 빠진다. 처음으로 누군가에게 자신의 이야기를 털어놓을 수 있게 된 것이다. 신비로운 첫사랑의 경험은 마치 그 대가를 치르듯 큰 상실감을 남기고 떠난다. 누군가에게 태어나 처음으로 우울한 내면을, 화가 난 마음을 이야기할 수 있었다면 그 대상이 사라질 때 심정은 어떨까? 배신감이 자라 이전에 쌓아두었던 분노에 불을 붙이게 될까? 메이슨은 허망한 심정과 분노를 안고 한 뼘쯤 더 성장한다. 아픔에 공감하고 힘을 주는 사람들을 만나 관계에서의 거리를 좁히게 될 수도 있다. 아빠가 그랬고 새로 만나는 친구들도 그럴 수 있을 것 같다.

이제 그가 좋아하는 일을 좋아하는 방식으로 할 수 있는 기회가 열리는 것인가? 앞날은 알 수 없다. 단지 현재의 그가 기회를 잡으려는 열정을 갖고 있는지가 문제이다. 새로 만난 친구들과 새로운 삶을 시작하려는 메이슨의 표정에서 희미하게나마 그 열정이 드러난다. 발달 과정에서 자연스럽게 주어졌던 의존의 대상들, 그 관계 속에서 맞이했던 다양한 시련들, 그리고 상황에 의존하며 형성된 그의 성격은 이제 새로운 환경 속에서 또 다른 의존과 독립의 기회를 잡아 조금씩 성장하게 될 것이다.

: 순간이 우리를 붙잡는다 :

대학교 기숙사에 도착한 첫날 만난 친구들과 산에 오르며 영화는 대단원의 막을 내린다. 마지막 장면에서 메이슨과 나란히 앉은 친구의 말이 인상적이다.

"순간을 붙잡으라고 말하지만 사실상 순간이 우리는 붙잡는 거야."

메이슨은 환하게 웃으며 고개를 끄덕인다. 바로 지금, 이 순간에 잡혀 있는 우리. 어쩌면, 아니 정확히 우리는 이 순간만을 경험할 수 있을 뿐이다. 과거는 이미 지나간 기억이며 미래는 아직 우리가 알 수 없는 미지의 세계인 것이다. 우리가 할 수 있는 것은 그저 이 순간을 살아가는 것일 뿐. 겸손하게 한 발 한 발 걸어가는 일만이 우리가 할 수 있는 최선인지도 모른다. 메이슨의 엄마가 그랬고 아빠가 그랬으며 그 안에서 성장한 메이슨이 그랬던 것처럼. 의존하고 방황하며 위기를 맞이했더라도 그 위기를 헤쳐 나온 것도 삶의 주체인 나이다. 그러고 보니 의존적이라고 생각했던 내 모습도 제법 대견해 보인다. 의존적인 나라고 생각하며 보았던 삶에, '독립'이라는 렌즈를 끼고 초점을 다시 맞추니 또 다른 그림이 그려지는 것 같다. 내 삶의 과거, 현재, 미래의 관계가 새삼 경이롭게 느껴진다. 지나온 과거에 감사하게 되고 현재를 새롭게 바라보게 된다.

이제 굳이 물건들을 쟁여두지 않아도 될 것 같다. 과거의 추억을 붙잡기 위해 너무 애쓰지 않아도 될 것 같다. 그 모든 추억들은 내 안에 고스란히 남아 나를 변화시키고 성장시켰기 때문이다. 그것으로 나의 과거는 임무를 다했다.

〈런 어웨이 브라이드〉,
홀로 있는 자신과 마주하는 일

흔히 우리는 연애할 때 예뻐진다고 말한다. 실제로 우울하던 친구의 얼굴이 환해지면 애인이 생겼나 싶다. 그리고 정말 사랑에 빠진 경우가 많다. 사랑할 때 우리의 몸과 마음은 더 유연해져서 어떤 환경에도 부러지지 않는 힘이 생기는 것 같다. 더 잘 적응하고 더 많이 웃고 행복해진다. 그런데 흔히 언급하지 않지만 필자가 많이 목격한 일이 있다. 연애하면 예뻐지고 헤어지면 더 예뻐진다는 것이다! 물론 다 그렇지는 않을 거다. 상처가 너무 커서 한동안은 수척해진 채로 혹은 우울해져 자기 관리를 잘 못할 수도 있다. 그럼에도 불구하고 뭔가 분위기가 달라진다. 아픔만큼 성숙해진다는 말도 있지 않은가. 사랑하는 사람을 통해 받은 긍정적인 자극은 혼자가 되면서 비로소 빛을 발하게 되는 걸까? 가만히 생각해보면 혼자일 때 무언가에 몰두하는 것이 더 쉽고 그만큼 성취할 수 있는 기회가 많아지는 것 같다.

영화 〈런 어웨이 브라이드〉에서 작은 시골마을에 사는 매기(줄리아 로버츠 분)는 순수하고 발랄하며 예쁘고 사랑스럽다. 동네 모든 남자들이 그녀에게 반하는 건 물론이고 여자들마저 질투할 엄두를 내지 못한 채 그녀를 좋아한다. 그러나 그녀의 치명적인 약점은 '누군가를 진지하게 사랑할 수 없다는 것'. 결혼식장에서 세 번이나 도망을 친 매기의 이야기는 사랑하고 나아가 평생을 함께 할 누군가와 관계를 맺을 때 중요한 것이 무엇인지 알려준다. 혼자인 시간을 통해 더욱더 아름다워진다는 필자의 생각을 증명하듯, 영화의 후반부로 갈수록 매기는 더욱더 예뻐진다. 눈부신 그녀의 아름다움은 어디에서 나오는 걸까? '도망치는 신부', 매기를 취재하려는 독설가 아이크(리처드 기어 분)와의 만남을 통해 매기는 변한다. 그 변화의 과정을 하나하나 살펴보면 예뻐진 비밀을 찾을 수 있을 것 같다.

: 상황에 의존하던 그녀, 친구의 아픔에 공감하다 :

아이크는 기삿거리를 찾기 위해 남의 이야기에 귀를 쫑긋 세우는 약
삭빠른 기자다. 매기에 대한 칼럼을 쓸 때도 마찬가지였다. 술집에서
취객의 말을 듣고 '도망치는 신부'를 소재로 남자를 우롱하는 여자의
심리를 엮어 내는 식. 여자들을 씹기로 유명한 그의 칼럼은 피해의식
에 사로잡힌 것 같기도 하고, 비난을 통해서라도 주목받고 싶어 하는
것 같기도 하다. 결국 사실 확인도 없이 한 여성을 궁지에 빠뜨린 그
는 매기의 소송 협박으로 해고된다. 이제 정면대결이다. 아이크는 시
골로 내려와 사실을 밝히겠다며 매기를 만난다. 온통 매기를 신봉(?)
하는 마을 사람들 틈에서 아이크는 열심히 비판의 여지들을 찾아낸
다. 어쩌면 베일 속에 가려져 있던, 넘치는 매력으로 충분히 감춰졌던
그녀의 진짜 모습이 하나둘씩 드러난다.

매기는 절친의 남편과 어린 시절 친한 친구 사이였다. 그래서 허
물없이 지낸다. 결혼한 남자이고 친구의 남편이지만 그런 것과는 상
관없이 즐거운 그대로 즐긴다. 그 과정에서 친구의 마음은 어떨까? 자
신의 행동으로 누군가는 상처받을 수 있다는 것을 그녀는 알지 못했
다. 그리고 누구에게나 잘하는 매기에게 어느 누구도 독설을 퍼부을
수는 없었을 것이다. 적(敵)으로 만난 아이크만이 그녀의 행동을 지적

한다. '당신이 옛 남자친구를 응원하고 하이파이브를 하며 끌어안았을 때, 둘을 바라보는 친구의 아내, 심지어 매기와 가장 친한 그녀의 마음이 어떨지 상상해보라'고 말한다. 그 어떤 상황에서도, 누구에게나 스폰지처럼 잘 스며드는 그녀는 상황에 의존적이다. 그러니 내가 어떤 행동을 하고 있는지 그로 인해 사랑하는 사람이 어떤 마음이 될지는 알 수가 없다. 아이크의 비난으로 잠시 멈춘 매기는 비로소 자신의 감정에 머물러본다. 친구를 찾아가 어떤 마음이었는지 묻고 진심으로 사과한다. 그녀는 이제 상황과 거리를 두고 판단이란 것을 하게된다.

: 사람들에게 의존하던 그녀, 수치심을 드러내고 맞서다 :

어쨌거나 매기는 네 번째 결혼식을 준비 중이다. 축구코치인 남자친구는 그녀 역시 운동선수를 훈련하듯 대한다. 매기를 달래고 공감하는 과정이 어색할 수밖에 없다. 매기는 수많은 상황에서 흔들리며 아이처럼 어쩔 줄 몰라 한다. 때로 흔들리는 마음은 성장과 변화를 위해 매우 중요한 시작이 된다. '알 수 없다'는 것은 '알고 싶다'의 다른 말이기도 한 것이다. 내 감정을 알 수 없어 방황한다는 것은 나를 알고 싶다는, 자기 성장의 출발점이 된다. 한편, 남자친구는 그녀에게 '집중력을 키워야 한다'고 코치한다. 심호흡하며 집중해보는 매기는 결국 남자친구에게 맞춰진 선택에 정신을 집중하게 될 뿐이다. 그 위태로움을 알아보는 사람은 아이크뿐이다. 매기와 주변 사람들은 그녀의 네 번째 결혼을 성공시키기 위한 목표를 향해 달려간다. 그것만이 중요하다. 그들이 결혼 전 파티에서 매기를 웃음거리로 만드는 것은 그 과정을 더 즐겁게 하는 하나의 의식일 뿐이다. 그들에게 그녀는 '세 번의 결혼식에서 도망친 신부'라는 유별나고 재밌는 이슈를 가진 사람일 뿐이다. 더 이상 그러지 말라고 당부하며 한편으론 내기를 건다. 당신은 '또 도망칠 거야!'라고.

반복해서 수많은 사람들에게 놀림을 당하는 매기는 그저 웃으며 아무 말이 없다. 그녀가 느낄 만한 부끄러움을 아이크가 대신 느끼고 아이크는 그녀에게 괜찮냐고 묻는다. 그리고 아이크는 마을 사람들에게 한 사람을 웃음거리로 만드는 당신들을 보라고 지적한다. 순간 분위기가 썰렁해지고, 매기의 수치심은 주목받게 된다. 아무렇지도 않았는데 당신 때문에 부끄러워졌다고 화를 내지만, 매기는 참고 있었던 것 같다. 사람들이 진지하게 자신을 평가하게 될까 봐, 원하는 대로 그저 듣고 웃지 않으면 소외감을 느끼고 혼자가 될까 봐 두려웠을지도 모른다.

거절하지 못하고 화를 내지 못하는 그녀는 그저 웃으며 사람들에게 의존해왔다. 술 취한 아버지를 매번 실어 날라야 했으며 집안의 경제적 부담을 떠안고 공부를 그만두었음에도 불구하고 그저 괜찮은 척 착한 딸의 역할을 놓지 못했다. 마치 마을 사람들 안에 속하기 위한 암묵적인 계약처럼 말이다. 생각해보면 결혼에 번번이 실패하는 매기의 심정을 어느 누구도 진지하게 묻고 들어주지 않았다는 것이 야속하다. 이제 그녀는 아버지에게 당당히 말한다. 더 이상 나를 놀리지 말라고, 당신도 결혼식장에서 도망가는 딸이 못마땅하겠지만 나 역시 주정뱅이 아버지가 마땅치 않다고, 밥은 방에 가서 혼자 먹겠다고 선언한다. 그녀는 화낼 수 있고 혼자일 수 있었다. 또 때론 그러고 싶었다.

: 사랑에 의존하던 그녀,
원하는 게 무엇인지 알고 용기를 내다 :

매기는 왜 결혼식장에서 도망쳤을까? 물론 그 순간의 두려움이 충동적인 행동을 가능하게 했을 것이다. 그러나 그 두려움의 정체는 결코 단순하지 않았다. 누가 그녀를 그와 결혼하라고 떠민 것도 아니었다. 누군가와 만나 사랑에 빠지고 청혼을 받고 행복에 겨워 결혼을 준비했던 것이다. 악의를 갖고 남자들을 농락하려는 것은 더더욱 아니었다. 그렇다면 왜? 매기는 너무 쉽게 사랑에 빠지는 것 같다. 누군가 그녀를 좋아하고 감동적인 말을 건네면 그녀는 자동 버튼을 누르듯 사랑이 샘솟는 식이다. 동시에 그에게 너무 잘 맞춰준다. 음악을 하는 남자를 만나면 자유로운 영혼을 가진 겁 없는 여인이 되고 곤충학자와 만나면 자연을 사랑하는 사람이 되며 운동선수와 만나면 에너지 넘치는 생활인이 된다. 좋게 말하면 다재다능하고 나쁘게 말하면 줏대가 없다. 그녀는 자신이 원하는 것이 뭔지 잘 모르는 것 같다. 아이크는 그녀를 똑바로 쳐다보며 말한다.

"당신은 당신의 눈을 가리고 바닷가 모래를 밟게 해주는 그런 남자를 원하잖아!"

이제까지 그녀는 자신이 원하는 것을 제대로 알지 못했다. 정체 모를 그녀와 사랑에 빠진 남자들은 결혼식날 차일 운명일 수밖에 없었다. 자기 자신의 진짜 모습을 외면한 채, 평생 가면을 쓰고 산다고 생각하면 얼마나 끔찍한 일인가. 소개팅에 나가 차일까 봐 가발을 썼던 남성이 결혼 직전까지 실제 자신의 머리를 보여주지 못해 평생 가발을 쓰고 지내야 한다고 생각해보자. 도망치는 신부 매기가 그런 심정이 아니었을까? 그녀는 나를 귀하게 여겨주고 아껴주는 그 달콤함에 지나치게 의존하고 있었다. 인생의 어두운 측면을 보는 것이 두려웠을 수도 있고, 자신의 약점을 드러내고 갈등을 겪게 되는 상황을 피하고 싶었을 수도 있다. 그러나 회피하더라도 언젠가는 직면하게 될거라는 사실 정도는 잘 알고 있었던 것 같다. '다행히' 그녀는 결혼하지 않고 도망친다. 누군가에게 큰 상처를 남겼지만 어쩌면 더 큰 상처를 피하기 위한 최선의 행동이었는지 모르겠다. 그녀는 최소한 이게 아니라는 걸 직감적으로 알았을 때 용기를 내고 달렸다. 이제 '이게 맞아'라고 생각하는 것을 향해 달리면 된다. 용기를 내서 말이다.

: 내가 좋아하는 계란 요리는 베네딕트 스타일! :

결국, 운동선수인 남자친구는 결혼식을 하기 전에 차이고 만다. 아이크와 사랑에 빠진 매기는 이제 정말 결혼에 성공할 수 있을까? 안타깝게도 그녀는 또 도망을 친다. 그리고 매기는 이제 정말 혼자의 시간을 갖는다. 그간 미뤄뒀던 작품을 만들어 뉴욕에 팔기도 하고 온갖 종류의 계란 요리를 만들어 천천히 맛보면서 자신의 스타일이 무엇인지 알아간다. 남자친구가 바뀔 때마다 그가 원하는 계란요리를 좋아했던 매기는 혼자가 된 시간 동안 자기가 원하는 것이 무엇인지 알고자 노력한다.

다행히 매기는 알아낸다. 그녀가 좋아한 계란 요리는 노래하는 남자친구가 좋아했던 스크램블도 아니고 곤충학자였던 애인의 삶은 계란도 아니었으며 운동선수 전남친의 오믈렛도 아니었다. 그녀는 베네딕트 스타일의 계란 요리를 좋아한다! 빵 위에 수란을 얹은 스타일, 그 이외의 어떤 것도 좋아하지 않는다고 단호하게 말한다. 도망친 뒤 꼭 붙잡고 싶어진 아이크를 찾아가서 말이다. 그리고 무릎을 꿇고 사랑을 고백한다. 왠지 오글거리는 장면이지만, 그간 많은 남자들의 칭송과 청혼에 어쩔 줄을 몰라 하던 그녀를 떠올릴 때 의미심장한 변화의 한 장면으로 해석된다. 이제 다른 어떤 것보다 자신의 감정에 충실한, 자신의 욕구를 알고 그것에 책임지기로 결심한 매기는 기품 있고 아름답다. 무릎을 꿇은 모습조차 그 어떤 행동보다 당당해 보인다. '앞으로 서로 힘든 일도 있겠지만 당신을 놓친다면 후회할 것'이라며 두려움을 안고 도전한다. 그렇게 각자의 마음을 잘 알고 책임질 수 있는 두 사람이 만나 마침내 결혼식을 올린다.

문득 오래 전 술집에서 유행하던 메뉴가 생각난다.

'아무거나.'

아무거나는 안주를 선택하기 어려운 이들에게 환영받는 메뉴였다. 먹는 것 하나 고르기 어려워 쩔쩔맨다니! 우리가 평소에 스스로에 대해 얼마나 무감각한지! 지금 이 순간 원하는 걸 찾는 일은 생각보다 어렵다. 상황에, 사람들에, 평가 혹은 사랑과 인정에 매달려 끌려 다니는 경우라면 더더욱 자기 색깔을 찾고 드러내기 어려울 것이다.

연애할 때 예뻐지고 헤어지고 나면 더 예뻐지는 사람들의 비밀을 알 것 같다. 어떤 중요한 것들은 헤어지고 난 뒤에 더 잘 보인다. 내가 했던 못난 행동들, 혹은 상대방의 말에 흔들렸던 내 마음 등은 당시 엔 잘 모르지만 헤어지고 혼자가 되었을 때 머무르게 되는지도 모른 다. 그렇게 머물러 보면 어떻게 변화해야 하는지, 어떻게 변화하고 싶 은지 알게 된다. 당연히 그 시간이 즐겁지는 않을 것이다. 차였든 찼 든 간에 이별은, 상실은 슬프기 때문이다. 그로 인해 혼자가 되는 일 은 더 우울하고 무겁다. 그럼에도 불구하고 우울함이 주는 이득이라 면 잠시 쉬어갈 수 있다는 것이다. 무언가를 끊임없이 하는 것이 아니 라 그저 멈춰서 바라보는 시간, 그 시간을 통해 나를 더 알 수 있고 내 삶에 주도성을 찾게 되며 더 용감해질 수 있다면 그것만큼 귀한 기회 가 또 있을까?

혼자 있는 시간을 통해 얕은 마음은 더 깊어지고 더 성숙해지며 더 아름다워질지도 모른다. 그러니 혼자라고 위축되지 말자. 성장의

기회를 잡아 더 아름답고 멋있게 변화하면 된다. 어디에도 맹목적으로 의존하지 않는, 오직 나의 맑은 마음과 맑은 눈으로 운명의 상대를 찾게 될 수 있을 거라 믿으면서 말이다.

내 감정과 비슷한 음악이 주는
공감과 위로

위로가 필요한데 누굴 만나는 것은 좀 부담스러울 때, 음악이 대신 친구가 되어줄 때가 있다. 돌아보면 우리는 꽤 많은 순간을 음악에 의존하고 있다. 카페에 음악이 없다면 얼마나 썰렁할까? 영화에 음악이 빠진다면? 일상에서도 우리는 어색한 분위기를 깨기 위해, 깊은 명상으로 빠져들기 위해, 휴식을 위해 등등 다양한 상황에서 음악을 떠올린다.

언젠가 우연히 알게 된 라디오 프로그램에서 내가 좋아하는 노래들이 연달아 흘러나왔을 때, 평소 좋아하던 노래를 한꺼번에 들을 수 있다는 것이 기쁘기도 했지만 내가 좋아하는 노래를 누군가도 좋아한 다는 걸 알게 되는 그 기분이 참 좋았던 것 같다. 알 수 없는 누군가와 연결될 수 있다는 것, 그래서 더 행복해질 수 있다는 것은 음악이 가 진 큰 힘인 것 같다. 그런 치유의 힘을 가진 음악들을 소개해보겠다.

: 부족한 내 마음이 힘이 될 수 있다면 :

김동률의 음악은 언제 들어도 참 따뜻하다. 노래를 만들고 또 부르기 도 하는 가수 김동률은 '전람회'라는 그룹으로 활동할 때부터 공감 가 는 곡을 쓰는 능력과 가창력으로 주목을 받았다. 잔잔한 기타 솔로보 다 오케스트라가 어울릴 것 같은 그의 음악은 듣다보면 때로는 좀 지 치기도 하는데 또 그만큼 한 곡 한 곡이 쏟아내는 에너지가 대단한 것 같다. 필자가 가장 좋아하는 김동률 앨범은 〈동행〉이란 제목의 2014년 음반이다. 아무리 오래 반복해서 들어도 질리지 않고 가사 하 나하나 새롭게 다가온다. 목소리가 이렇게 편안하게 스며들다니, 놀 랍고 감사한 마음으로 음악에 기대게 된다. 〈동행〉에 수록된 곡은 아니지만 '역시 김동률!'이라고 말하게 된 곡이 있었다. 그 주옥같은 가사를 그대로 옮겨 보았다.

감사 (김동률 작사/작곡)

눈부신 햇살이 오늘도 나를 감싸면
살아있음을 그대에게 난 감사해요
부족한 내 마음이 누구에게 힘이 될 줄은
그것만으로 그대에게 난 감사해요
그 누구에게도 내 사람이란 게
부끄럽지 않게 날 사랑할게요
단 한순간에도 나의 사람이란 걸
후회하지 않도록 그댈 사랑할게요
이제야 나 태어난 그 이유를 알 것만 같아요
그대를 만나 죽도록 사랑하는 게
누군가 주신 나의 행복이죠

그 어디에서도 나의 사람이란 걸
잊을 수 없도록 늘 함께 할게요
단 한순간에도 나의 사랑이란 걸
아파하지 않도록 그댈 사랑할게요
이제야 나 태어난 그 이유를 알 것만 같아요
그대를 만나 죽도록 사랑하는 게
누군가 주신 내 삶의 이유라면
더 이상 나에게 그 무엇도 바랄 게 없어요
지금처럼만 서로를 사랑하는 게 누군가 주신 나의 행복이죠 결혼식 축가로 많이 불린다는 이 곡은 노랫말 속에 의존과 독립의 메시지가 녹아 있다. 우리는 때로 누군가에게 기대어 있는 것에서 큰 만족감을 느끼지만 반대로 누군가에게 의지가 되어줄 때 느끼는 감동이 있다. 어릴 적 만났던 친구는 늘 대체로 그에게 기대 앉아 있던 나에게 반대로 해보자는 제안을 했다. "내가 느끼는 감정을 너도 느끼게 해주고 싶어서"라는 말이 신선하게 들렸던지 그 순간이 매우 특별한 기억으로 남아 있다. 호기심에 머물렀던 그 순간, 누군가가 내게 기대는 그 느낌이 생각보다 좋았다. 내 어깨를 누르는 묵직한 감각에 묘한 기분이 들었다. 누군가에게 기대 마음이 차분해지고 안정을 찾는 것과는 또 다르게 내 마음이 안정을 찾아가는 것 같았다. 내가 잘 받쳐주어야 상대방이 더 편하게 기댈 수 있다는 생각에 자세도 고쳐 잡게 됐다. 바른 자세로 앉아 상대의 마음을 살피고 그 편안함을 확인했을 때의 뿌듯함이란. 누군가에게 힘이 될 수 있다는 것을 몸의 감각으로 느끼니 왠지 더 감동적이었다. 더불어 내가 무심코 기대왔던 친구의 마음이 헤아려져 더 고맙고 더 소중하게 느껴졌다.

어쩌면 우리는 더 나은 의존을 위해 독립해야 한다. 스스로 자세를 잡을 수 있고 똑바로 설 수 있어야, 최소한 그 방법을 감각으로 익히고 있어야 서로 기대었을 때의 만족감을 더 잘 느낄 수 있다. 더군다나 독립이라는 것 그 자체에서 큰 기쁨을 누릴 수 있다. 나 혼자 할 수 있는 일이 늘어갈 때 우리는 선택의 폭이 넓어지고 그만큼 더 많은 것을 경험해볼 수 있다. 쉬운 예로 운전 배우는 것을 생각해보자. 내 차를 운전할 수 있게 되면 대중교통 이용이 불편한 지역까지 혼자서도 가볼 수 있다. 누군가가 운전을 해줘야만 어딘가에 갈 수 있다면 그만큼의 제약이 생길 텐데 스스로 할 수 있다면 내가 주도적으로 여행 계획을 세울 수도 있다. 사소한 것 같지만 운전을 하는 것 하나만으로도 삶의 많은 부분이 변할 수 있고 어쩌면 나의 성격도 조금 바뀔지 모른다. 나아가 누군가가 내게 의존할 수 있는 상황이 더 많아진다. 기꺼이 "내게 기대"라고 말할 수 있을 때의 기쁨 역시 내가 힘이 있어야 가능한 일이다. 그리고 그 힘은 고스란히 삶의 보람으로 남는다. 그렇다고 모든 것을 내 힘으로 하려고 너무 애를 쓸 필요는 없다. 내가 느끼는 보람을 다른 누군가에게 느껴볼 수 있는 기회를 주는 것도 중요하기 때문이다.

나의 옛 친구가 내게 기대보겠다고 제안했던 것처럼 우리는 뜻하지 않은 상황에서 조금씩 성장하게 된다. 더불어 사는 삶이란 바로 이런 것이 아닐까? 각자의 힘을 가진 채로 때로 힘을 좀 빼고 싶을 때 충분히 상대방에게 의지할 수 있는 것. 어쩌면 기대려는 마음은 누군가가 내게 들어올 수 있는 빈틈이 되고 그 여유가 세상을 더 따뜻하게 만드는 것인지도 모르겠다.

: 너를 위해 나를 사랑한다 :

〈감사〉라는 곡에서 가장 가슴을 친 가사는 바로 이 부분이다.

'그 누구에게도 내 사람이란 게 부끄럽지 않게 날 사랑할게요'

달달한 사랑고백에서 나를 사랑하겠다고 말할 수 있다는 것이, 그 통찰이 대단하다고 생각했다. 관계를 맺을 때 가장 중요한 것이 바로 '자존감'이다. 내가 나를 존중하고 있는 그대로의 나를 수용할 수 있을 때 관계도 잘 맺을 수 있다. '나를 사랑해야 남도 사랑할 수 있다'는 말이 꽤나 거창하게 들리지만 매우 현실적인 조언이다. 자존감은 나를 존중하는 마음, 즉 내가 나를 바라보는 혹은 평가하는 생각에 관한 것을 말한다. '나는 정말 못났어'라고 생각한다면 누군가 나를 사랑한다고 말했을 때 그 말을 진심으로 믿기가 어렵다. 믿을 수 없는 마음을 상대로 관계를 맺자니 싸움이 잦아지거나 커지기 쉽다. 연락이 자주 오지 않으면 '역시 못난 나를 좋아하지 않는 구나'라고 생각할 수 있고 확인도 해보지 않은 채 미리 상처받게 된다. 그런 자잘한 상처들이 쌓이면 사소한 갈등이 크게 번지는 경우도 생긴다. 그러니 자존감이 낮으면 초점이 계속 나에게로 향해 정작 상대방에게 관심을 둘 수 없고 사랑할 수 없다. 반대로 비교적 안정되게 자존감을 유지하고 살아간다면, 내가 좋아하는 사람이 생겼을 때 그에게 진심으로 관심을 두고 사랑할 수 있게 된다.

감성 충만한 김동률의 노래에서도 자존감에 대한 언급을 한다. 나를 먼저 사랑하고 난 후에 그대를 사랑하고, 아프지 않게 지켜주겠다고. 함께하는 시간을 소중히 하겠다고 다짐한다. 노랫말처럼 삶의 이유는 누군가를 사랑하는 것 그 이상도 그 이하도 아닌지도 모른다. 그리고 누군가를 사랑한다는 것은 결코 쉬운 일이 아니다. 때로는 누군가를 사랑하게 되면서 비로소 자기를 찾게 될 수도 있다. 그 과정에서 자존감이 자라나 불안정했던 내가 점점 단단해질 수도 있다. 처음엔 그저 호감으로 시작했던 관계 역시 내가 자라는 만큼 여물어 가고 더불어 성장하게 된다면 어떨까? '지금처럼만 서로를 사랑하자'는 다짐처럼 현재의 행복을 충분히 느끼며 살아갈 수 있다면, 그렇게 하루하루를 보내다 보면 그것 이상의 삶의 의미가 또 있을까?

: 나를 다독이는 따뜻한 목소리와 기타,

<Joao Voz E Violao> :

분주한 평일 아침 어느 날엔 마냥 누군가에게 기대고 싶다.

'이 모든 것들을 누가 좀 해주었으면'

그러나 현실은 모두 내 몫이다. 시간에 맞춰 진행되어야 할 일들이 조금이라도 엇나가면 큰 일이 날 것처럼 초조해진다. 그런 아침, 도움이 되는 음악이 바로 <목소리와 기타>란 제목의 Joao Gilberto 앨범이다. 2000년 발매라니 이 음반을 처음 접한 것도 15년이 넘었다. 보사노바의 매력에 푹 빠진 친구 덕분에 브라질 음악가들을 많이 알게 된 시절, 언젠가는 꼭 포르투갈어를 배우겠다고 다짐하던 때였다. 무슨 말인지 모를 가사를 읊조리는데 마치 나를 향해 그 순간 내게 필요한 이야기를 들려주는 것만 같았다. 그래서 그들의 언어를 배우고 확인해보고 싶었다.

: 중저음의 목소리와 섬세한 기타연주에
귀를 기울이다 보면 :

Joao Gilberto는 브라질 음악의 대가이자 꾸준히 음반을 내고 오랫동안 대중의 인기를 얻고 있는 음악가이다. 〈목소리와 기타〉라는 30분짜리 음반에서 그는 홀로 기타를 연주하고 노래를 한다. 앨범 표지가 이 음반을 잘 표현하고 있어서 '쉿' 하고 조용히 들어야 그 진가를 알 수 있는 음악들이기도 하다. 마음속이 분주하고 시끄러울 때 '쉿!' 하고 조용히 시키는 무언가가 필요할 때가 있다. 그렇게 시끄러운 소음을 내려놓고 나면 제법 차분하게 어차피 할 수밖에 없고 해낼 일들을 하나하나 하게 된다. 예를 들어 출근길 버스정류장에 도착하는 시간이 5분 늦었다고 생각해보자. 이미 벌어진 일이고 다시 되돌릴 수 없을 때 5분을 어떻게 보내야 할까? 발을 동동 구른다고 시간이 느리게 가진 않는다. 여기 이 지혜로운 음악가는 낮은 목소리로 말한다. 쉿, 조용히 음악에 귀기울여보라고. 어차피 시간은 흐르고 그 안에서 우리가 할 수 있는 한계를 인정하라고 말이다.

중저음의 목소리는 그 소리만으로도 우리를 편안하게 하는 힘이 있다. 묵직하게 마음을 잡아주는 그야말로 힘이다. 그래서 더 마음 놓고 의지하게 되는지도 모르겠다. 그런데 그 묵직한 목소리가 결코 우울하지 않다. 때론 경쾌하게 리듬을 타기도 한다. 그리운 마음도 쓸쓸한 마음도 나아가 너무 우울해지는 그 마음들도 한 발짝 떨어져서 바라보자고 하는 것 같다. 질척한 감정 안에서 허우적거리지 말고 이리 나와 함께 바라보자고 말한다. "너도 그렇구나. 나도 그래"라고 친근하게 말해주는 것도 같다. 그래서 왠지 좀 다정하게 느껴지기도 한다.

이 음반이 너무 좋아서 한동안은 결혼하는 지인들에게 선물도 많이 했었다. 사랑하는 사람과 자기 전에 들으면 좋을 것 같아서였다. 음악을 배경으로 이야기를 나눌 수도 있고 말이 중간에 멈춰도 어색하지 않을 만큼 목소리가 나오니까 그것도 좋을 것 같았다. 재잘재잘 말하지만 시끄럽지 않은 목소리는 기타소리와 함께여서 더 아름답다. 실제로 Joao는 아주 예민한 연주가라고 한다. 그러니까 무심히 연주하는 것 같지만 아주 공을 들여 박자 하나하나를 맞추고 있는 것이다. 어긋나는 박자에 목소리를 얹기도 하는데 그 모든 것이 치밀하게 짜인 각본에 의한 것이라니 역시나 대단하다는 생각이 든다. 어쨌거나 기타 특유의 감정선이 고스란히 살아 있어 더 착 마음에 와 닿는 것 같다. 청진기를 대고 심장박동까지 섬세하게 알아주는 것처럼 손가락 끝에서 흐르는 기타의 선율이 참 아름답다.

결국 앨범 제목처럼 〈목소리와 기타〉 둘의 조화가 우리에게 주는 안정감이 충분히 기대 쉴 자리를 마련해준다. 흔들리는 나를 붙잡아주고 토닥토닥 다독이며 잠시 쉴 수 있게 해준다. 이렇게 잠시 쉬고 나면(30분짜리 앨범이라는 것도 매력적이다!) 너의 모습 그대로 잘 지내볼 수 있다고 격려해주는 것도 같다. 축 처진 채로 '나한테 모든 걸 맡겨!' 같은 비장한 메시지가 아니라 따뜻하지만 거리를 둔 목소리와 기타의 만남처럼 혼자 일어설 수 있는 나를 그대로 인정해주는 것과 같이 느껴진다. 그래서 더 좋다. 마냥 우울하고 싶은 날 말고 신선한 자극이 필요한 어느 날, 비장하거나 무서운 교관이 아니라 그냥 동네 어른 혹은 친구가 내 어깨를 툭 쳐주는 것이 절실한 날에 이 음악을 들어보자. 물론 사랑하는 사람과 자기 전에 듣는 것도 분명히 좋을 거다. 그땐 어떤 음악이라도 좋은 법이니까.

또 다른 나를 만들어주는
나만의 음악 리스트

필자가 소개한 음악들은 지극히 개인의 취향이다. 그러니 이제 나만의 취향을 한번 찾아보자. 이미 내 취향을 잘 알고 있다면 이번 기회에 리스트를 만들어보자. 아직 잘 모르고 있다면 알아가는 재미를 경험한다고 생각하며 그 과정을 즐겨보는 것도 좋겠다.

: 내 마음을 울리는 음악가는 누구인가 :

일단 내가 무엇을 좋아하는지 알려면 많이 경험해봐야 한다. 음악도 마찬가지이다. 많이 들어보는 수밖에 없다. 오래전에 만났던 그는 주변에 음악을 하는 친구가 있어 많은 음반을 접했고 집안 가득 다양한 장르의 음반들을 채워두었었다. 그때 우연히 들었던 음악들 중 정말 좋은 것은 빌려와서 듣고 그 중에서도 너무 좋아지면 그 주인공의 작품들을 모조리 사서 들었다. 때로는 책을 보며 그 음악가의 성향을 알게 되기도 했고 그 후에 음악을 들으면 더 잘 들렸다. 더 잘 들리면 더 좋아하게 되고 더 많이 알고 싶어졌다. 그렇게 어느 한 음악가를 통해 점점 더 넓은 세계로 나아가는 방법도 있다. 대부분의 음악가들은 그의 선배와 동료에게서 배우고 영향을 받는다. 또 그의 역량으로 새로워진 음악을 후배들에게 전수하기도 한다. 그렇게 생각하면 한 명을 통해 알 수 있는 음악의 세계는 생각보다 넓다.

: 내 감성을 닮은 곡 :

스마트폰을 통해 다양한 통로로 새로운 음악을 접할 기회도 많다. 필자는 '우울한 빵집 옆 음반가게'라는(제목부터 매력적인!) 팟캐스트를 들으며 새롭게 올라오는 대중음악 중 내게 맞는 음악들을 발견하곤 했다. 뿐만 아니라 무심코 들어왔던 이전 음악들을 주제별로 선곡해 주니 새로운 감동이 밀려왔다. 팟캐스트를 운영하는 사람의 감성이 나와 닮아 있으면 그 감동은 두 배 세 배가 된다. 신기한 건, 한 방송을 좋아하는 사람이 꽤나 많다는 것이다. 그만큼 우리는 생각보다 비슷한 마음을 갖고 살아가는지도 모른다. 이렇게 팟캐스트를 통해 선곡 받은 곡으로 내 취향을 알아가는 것도 괜찮다. 바쁜 현대인들에게 이런 서비스가 있다는 것은 어쩌면 축복인지도 모르겠다.

: 듣고 싶지 않을 땐 듣지 말자 :

때론 음악을 듣는 것도 성가실 때가 있다. 그때를 잘 알아차리고 완전히 마음을 비워보는 것은 음악을 제대로 잘 듣기 위한 방법 중 하나이다. 습관처럼 음악을 계속 틀어놓고 있다면, 어느새 지루한 일상이되어버리고 더 이상 좋을 것이 없을지도 모른다. 그러나 평범해 보이는 일상도 우리가 어떻게 대하고 즐기느냐에 따라서 새로울 수 있듯이 음악도 그렇다. 음악 자체가 힘을 갖고 내가 충분히 의지할 대상이될 수 있으려면 의지하고 싶을 때에 들어야 한다. 출퇴근길 만원 버스안에서 이리저리 치여 괴로울 때, 나를 기분 좋은 곳으로 잠시 떠나게 해줄 음악에 주의를 기울여본다. 무기력해진 어느 날 꿈 많고 의욕적이던 젊은 시절의 열정이 필요할 때, 힘이 솟아나게 해줄 추억의 음악들 혹은 경쾌한 음악들은 어떨까? 애인과 헤어지고 그 어떤 위로도 소용없을 것 같은 어느 밤, 그저 우울한 내 마음과 같은 마음으로 함께 있어주는 조용한 음악이 필요할지도 모른다.

좋아하는 음악이 무엇인지 아는 것은 내가 필요할 때 쓸 무기가 많은 것과 같다. 따라서 평소 내 무기를 잘 찾고 보관해두는 것은 그 자체로 든든할 수 있다. 그러고 보니 좋은 의존이란 어느 하나에 지나치게 기대지 않는 것이 아닌가 싶다. 그렇다면 우리가 기댈 수 있는 수많은 것들에 마음을 열어보자. 그 경험 자체는 내가 하는 것이니 무언가를 시도하는 만큼 자신감이 생기고 그만큼 독립할 힘이 생기는 거라고 생각해보자. 내가 좋아하고 사랑하는 사람들 모두 나를 뺀 관계는 없으며 내 마음에서 그 의존과 독립의 해답이 있다. 결국 좋은 의존은, 나아가 좋은 관계 맺기는 내 마음을 잘 알게 되는 것부터 시작되는지도 모르겠다. 그리고 이 책에서 소개하는 내용들이 각자의 마음속 희망을 찾는 데에 도움이 되기를 바란다.